pinto

ou

La journée d'une Conspiration

comedie en 5 actes

par M. Lemercier

AVERTISSEMENT.

La Comédie de Pinto, composée il y a plus de deux ans, est la première en ce genre.

Je l'ai faite en vingt-deux jours, dans l'intervalle de longs travaux de poésie. On peut n'être pas de l'avis du Misanthrope, qui pense que le temps ne fait rien à l'affaire. Si j'eusse mis plus de temps à écrire cet ouvrage, le style en serait meilleur ; mais la nouveauté de mon entreprise, rendant sa réussite très-douteuse, m'exposait à regretter des soins inutiles, et je n'ai pas voulu les prendre.

Il eût été facile de bâtir sur la conjuration du duc de Bragance un drame bien triste, dont le succès n'eût pas été disputé.

Ma seule ébauche de quelques portraits historiques me prouve que de grands tableaux en ce genre produiront un effet théâtral, digne de la scène comique. J'espère un jour en convaincre ceux même qui m'attaquent toujours, parce que je ne me défends jamais.

Personnages.Acteurs.

LE DUC

LA DUCHESSE { de Bragance. } MONVEL.

M.me VANHOVE.

LA VICE-REINE de Portugal. M.lle MARS aînée.

M.me DOLMAR, *Dame de compagnie de la Vice-reine.* M.lle DEVIENNE.

PINTO, *Secrétaire du duc de Bragance.* TALMA.

LOPEZ OZORIO, *Amiral Espagnol.* BAPTISTE aîné.

VASCONCELLOS, *Secrétaire d'Etat.* DUVAL.

L'ARCHEVÊQUE de Bragues. VANHOVE.

MELLO,

MENDOCE, } *Conjurés.* {

ALMADA, LACAVE.

DESPRÉS.

DAMAS.

ALVARE, *Gentilhomme Portugais.* DUPONT.

LIMOS, *Négociant Juif.* BAPTISTE cadet.

FLORA CATHARINA, *fille du duc de Bragance.* M.lle MARS cadette.

Le Cap.e FABRICIO. MICHAUT.

SANTONELLO, *Cordelier.* GRANDMÉNIL.

FRANCISQUE, *Officier des gardes de la Vice-reine.* FLORENCE.

PIETRO, *valet de Pinto, muet.* LAROCHELLE.

HOMMES ET FEMMES de la cour de la Vice-reine.

TROUPE DE CONJURÉS.

La Scène est à Lisbonne et aux environs.

PINTO,

OU

LA JOURNÉE D'UNE CONSPIRATION,

COMÉDIE.

ACTE I.

Le Théâtre représente une forêt. Les personnages
sont en habit de chasse.

SCÈNE PREMIÈRE.

LE DUC DE BRAGANCE, M.me DOLMAR.

M.me DOLMAR *fuyant.*

ALTE-LA, M. le Duc ! cesserez-vous bientôt de me
poursuivre ?

LE DUC.

Quand vous cesserez de me fuir.

M.me DOLMAR.

Oh ! vous ne m'atteindrez pas.

LE DUC.

Je le crains, et naturellement si légère.... Mais faisons un
traité.

Mme D O L M A R.

Je ne veux pas trop approcher d'un Souverain.

L E D U C.

Est-ce que je le suis ?

Mme D O L M A R.

On dit à la Cour que vous prétendez à le devenir.

L E D U C.

Mensonge !

Mme D O L M A R.

Tenez, la maîtresse d'un Roi...

L E D U C.

Est souvent celle du royaume. Ainsi, que je règne jamais,
vous régnerez : mais en vérité, je préfère au sceptre de Lisbonne mon duché de Bragance, et le nom de votre amant.

Mme D O L M A R.

Vous ne le porterez point.

L E D U C.

Osez donc parler encore de ma puissance ! Moi, l'humble
rival de mon secrétaire Pinto, que vous me préférez.

Mme D O L M A R.

Sans doute. C'est un homme ennemi des cabales, loyal,
uni, bon, qui n'aime que moi, ne songe qu'à moi, et n'a
pas la moindre malice dans le cœur. Mais vous ! Je rougis de
répéter les contes que l'on débite : que vous nourrissez des projets
ambitieux ; que vous tirerez de la poussière de vieux titres
pour vous faire Roi ; que l'on souffle la discorde en votre nom ;
que, peu content de plaire et de jouir, de vivre au milieu d'amis
qui ne vous flattent point, et de femmes qui vous choisissent
pour vous-même, vous sacrifierez ces avantages au frivole
orgueil de porter un sceptre bien lourd, de vous casser la tête
dans les affaires, de vous entourer de graves menteurs qui vous

courtisent, de pédans qui vous conseillent, et de femmes qui vous cèdent par vanité, par peur ou par avarice.

L e D u c.

Vains bruits que tout cela ! Ne m'accusez pas de courir après les faveurs de la fortune, quand je ne soupire qu'après les vôtres.

Mme D o l m a r.

Arrêtez, arrêtez ! voici Alvare.

SCÈNE II.

LE DUC, Mme DOLMAR, ALVARE.

L e D u c.

Alvare, eh bien ! où sont nos chasseurs ?

A l v a r e.

Fort loin. Le bois est coupé de fondrières, de torrens, et je n'ai pu les atteindre.

Mme D o l m a r.

Les insensés ! n'avoir pas seulement fait halte avec nous : c'est ce comte de Comines qui les pousse.

L e D u c.

Quelle joyeuse vie on mène au château d'Almada ! Nulle langueur, nul moment perdu. Chasse, jeux, festins, fêtes de bons amis, des femmes, et la vie d'Epicure.... Vive l'indépendance et la joie !

A l v a r e.

La nôtre sera bientôt troublée.

Mme D o l m a r.

Pourquoi ?

A l v a r e.

Le Duc part demain pour Madrid.

A 4

PINTO,

Le Duc.

Demain, oui ; je pars demain.

Mme Dolmar.

La Duchesse ne devait-elle pas vous faire ici ses adieux ?

Le Duc.

Je l'attends : le trajet qui sépare ce lieu de la ville n'est pas long, et je ne veux pas donner matière aux discours par ma présence à Lisbonne. Ma prudence confondra la malignité.

Alvare.

Ces enragés Espagnols ! je les hais ! je voudrais de bon cœur que toutes les vues qu'ils vous prêtent fussent réelles.

Le Duc.

Fi !

Alvare.

Je vous servirais de mon épée.

Le Duc.

Ne dites pas cela.

Alvare.

Je me ferais mettre en pièces pour vous.

Le Duc.

De grâce....

Alvare.

Tel que vous me voyez, j'abhorre et Philippe et son Ministre, et le Secrétaire d'Etat, ce méchant Vasconcellos, son agent en Portugal.

Le Duc.

Chut !

Alvare.

Je le déclare hautement, moi.

Le Duc.

Prenez garde ; c'est vous perdre.

Alvare, *bas au Duc.*

Vous croyez.... madame Dolmar est sûre.

COMEDIE.

9

LE DUC.

Mais étourdie.

Mme DOLMAR.

Parlez librement ; quoiqu'attachée à la Vice-reine, je vous
suis dévouée, vous le savez : mais dites-moi, madame la
Duchesse est-elle du voyage à Madrid ?

LE DUC.

Cette idée de notre séparation jointe aux impostures répandues
sur moi, les intrigues de la Cour, tout l'afflige. Je n'ose la
conduire à Madrid ; le train de cette ville lui déplairait.

Mme DOLMAR.

Et alarmerait votre jalousie...

LE DUC.

Sa vertu,...

Mme DOLMAR.

Madrid est le pays aux aventures, aux symphonies nocturnes ;
cela tourne la tête d'une femme.

LE DUC.

La mienne m'aime tendrement. Les attachemens des femmes
les garantissent mieux encore que leurs principes. Leur cœur
a plus d'un assaut à soutenir : quand la seule vertu le défend,
on y fait brèche ; quand c'est l'amour, la place est imprenable.

Mme DOLMAR.

Pour moi qui ne veux aimer personne, la vertu me fait donc
courir bien des risques.

LE DUC, *bas à Mme Dolmar.*

Pinto vous en garantira.

Mme DOLMAR.

Que disions-nous de la Duchesse ?

LE DUC.

Qu'elle a le goût de la retraite et de l'étude. Elle serait

même à présent dans ses terres, sans son amitié pour la Vice-
reine qui la retient à Lisbonne.

Mme D O L M A R.

Respectable femme ! occupée de sa fille, avide de lecture,
étrangère à tous les plaisirs de son âge et de son rang. Quelle
différence entre elle et moi, qui n'ai pas le temps de penser
et à peine de sentir ! mais je m'amuse et je ris... Qu'avez-vous
donc ?

L e D u c, préoccupé.

Rien....

A L V A R E.

Monsieur le Duc...

L e D u c.

Quoi ?

A L V A R E.

Vous n'imaginez pas que je me sois compromis par mon
emportement ?

L e D u c.

A l'avenir, soyez plus sage.

A L V A R E.

Que voulez-vous ? je ne ménage rien quand la colère
m'emporte.

L e D u c.

Eh ! voici Pinto avec ma chère fille.

S C E N E I I I.

LE DUC, Mme DOLMAR, ALVARE, PINTO,
Dona FLORA CATHARINA, une Dame de
compagnie.

P i n t o.

Monseigneur, nous précédons madame la Duchesse.

F l o r a au Duc.

Que j'avais hâte de vous revoir, Monsieur !

Le Duc.

Embrasse-moi, ma fille. O mes amis ! voilà mon orgueil, mes délices. Charmante modestie ! elle cherche un refuge dans mon sein, contre un embarras qui l'honore... Dites-moi si toutes les vanités de la terre valent ces plaisirs que me prodigue la nature ?

Flora.

J'ai bien souffert de votre longue absence, et vous nous quittez encore, m'a-t-on dit ?

Le Duc.

Peu de temps, j'espère.

Flora.

Conduisez-nous en Espagne, Monsieur ; ne nous séparez pas de vous.

Le Duc.

Je ne le puis.

Flora.

Et vous dites aimer votre fille !

Le Duc.

Plus que ma vie.

M.me Dolmar.

Aimable enfant !

Flora *à M.me Dolmar.*

Joignez-vous à mes prières... Reprochez-lui sa dureté... Il nous abandonne, moi, ma mère... J'en ai pleuré toute la nuit.

Alvare.

En effet, si le vœu du Roi vous appelle, pourquoi fixer votre famille à Lisbonne ?

Flora.

C'est ce que je dis.

M.me Dolmar.

Consentez et emmenez-la : ce voyage ne sera plus pour vous qu'une partie de plaisir.

FLORA.

Madame a raison.

PINTO.

Nul obstacle, Monseigneur ; donnez vos ordres pour les préparatifs.

FLORA.

Ouï, Monsieur, oui, mon père.

LE DUC.

Il m'est douloureux de vous refuser.

PINTO, *bas au Duc.*

Congédiez.... congédiez.

LE DUC.

Hé ! les chevaux sont-ils prêts ?

SCÈNE IV.

LES MÊMES, UN PIQUEUR.

LE PIQUEUR, *entrant.*

Oui, Monseigneur.

LE DUC.

Allez, mes amis, je vais dire un mot à la Duchesse, et vous rejoins à l'instant même ; Madame, excusez-moi. Et vous, Madame, conduisez Flora, faites-lui voir la rive du Tage, et les belles forêts qui avoisinent le château.

M.me DOLMAR.

Flora monte-t-elle à cheval ?

LE DUC.

Doucement : elle ne joint pas comme vous aux grâces de son sexe, la force et les habitudes du nôtre.

M.me DOLMAR.

Oh bien ! je lui sers de maître et je vais lui montrer... Ne craignez pas ! nous serons là, Madame et moi.

FLORA, *au Duc.*

Nous vous reverrons bientôt ?

LE DUC.

Je ne tarderai pas.

M.me DOLMAR.

Je veux rendre mes devoirs à la Duchesse, dites-le lui bien.

ALVARE.

Moi, la saluer ! Vous nous retrouverez tous au chemin des grands taillis.

LE DUC.

Plaisir et bonne chasse ! voilà le mot d'ordre.

SCÈNE V.

PINTO, LE DUC.

PINTO.

MONSEIGNEUR, ils vont venir ; je cours les attendre et les guider, de peur qu'ils ne soient apperçus. La partie est liée ; madame la Duchesse qui s'avance, vous dira où nous en sommes. (*Il sort.*)

SCÈNE VI.

LE DUC, LA DUCHESSE.

LA DUCHESSE.

IL est temps de vous déterminer, Monsieur ; les obstacles de la part de la Cour augmentent à toute heure. Je viens fixer s'il se peut votre irrésolution dangereuse. Demain l'Amiral Lopez Ozorio, envoyé d'Espagne, croit vous emmener à Madrid ; demain il faut que tout éclate.

LE DUC.

Il faut que tout reste en paix comme aujourd'hui.

LA DUCHESSE.

Qu'est-ce à dire, Monsieur ?

LE DUC.

Laissons, laissons-là nos chimères.

LA DUCHESSE.

Est-ce ainsi que vous nommez de nobles projets d'élévation ?

LE DUC.

Qui me feraient donner le nom de rebelle.

LA DUCHESSE.

Celui de libérateur.

LE DUC.

Croyez-moi, Madame, dépouillez les choses des grands mots dont vous les enveloppez. Que desirez-vous ? Me faire Roi ! Eh bien ! plus j'y pense, moins je me trouve propre à faire ce métier.

LA DUCHESSE.

Je ne comprends rien à ce langage.

LE DUC.

Je n'en ai pourtant jamais changé ; et vous vous obstinez à ne pas l'entendre, à m'engager dans une conspiration infernale.

LA DUCHESSE.

N'êtes-vous pas touché du malheur des Portugais ?

LE DUC.

Du moins je n'en suis pas l'auteur.

LA DUCHESSE.

Êtes-vous insensible au zèle des Grands pour votre cause ?

LE DUC.

Les Grands ne m'aiment pas plus qu'un autre ; ils me jettent en avant, parce que mon nom les appuie. Le duc de Villaréal, le marquis d'Aveiro, leur conviennent autant que moi. Tenez, tenez, j'abdique volontiers en leur faveur.

LA DUCHESSE.

Raillez-vous ? Quoi ! à la veille d'un jour si desiré, d'une conjuration prête à éclore... après tant de soins que j'ai pris !...

LE DUC.

On rompt des projets plus avancés, et j'ai changé d'avis.

LA DUCHESSE.

Comment ?

LE DUC.

Lorsqu'à mon lever j'ai vu ce beau ciel, ces prairies, ces champs peuplés de paisibles cultivateurs, ce réveil de la nature, et cette riante jeunesse animant de la voix et du cor leurs chevaux, leurs chiens fidèles, lorsque j'ai respiré l'air embaumé du matin, que votre image est venue rendre à mes yeux mon habitation plus belle et le jour plus pur, mon cœur a palpité vivement ; il était plein de bonheur, de joie. Ces douces émotions m'inspiraient un mépris, un dégoût profond pour de maudites manœuvres.... Excusez-moi, je frémis sur les dangers de votre ambition.

LA DUCHESSE.

Que sert donc ce rendez-vous donné, cet entretien promis à quelques membres de notre conseil secret ?

LE DUC.

A rien, Madame. La perspective éloignée du trône m'a d'abord séduit comme un sot ; maintenant que je suis prêt à y monter, je sens que je m'y tiendrais mal.

LA DUCHESSE.

Quels étranges sentimens !

LE DUC.

Ils vous paraissent bien rampans, bien vulgaires : mais que faire d'un homme emmailloté dans tous les préjugés, qui craint les divisions, qui aime le repos, la vertu, sa patrie et sa femme comme un bon bourgeois de Lisbonne ? Pour vous qui avez une tête forte , cela vous fait pitié , je le vois. Là , en bonne foi , suis-je de caractère à former des brigues ? D'ici à l'exécution , je ferai, si je m'en mêle , une quantité de mal-adresses , et comme il y va de la tête...

La Duchesse.

Et comme infailliblement vous la risquez en vous endormant au lieu d'agir...

Le Duc.

Mille et mille difficultés se présentent...

La Duchesse.

Ainsi votre esprit s'environne de tous les obstacles qu'il se crée ; et si vous n'en aviez de véritables à surmonter, où serait la gloire de l'entreprise ? Mais il n'est point de périls dont votre courage s'étonne ! Que m'objectez-vous donc ? Les dispositions du peuple, elles sont tournées en votre faveur. La surveillance du Sécrétaire d'Etat , elle est trompée par l'activité de Pinto. Les partis qui divisent l'empire ? ils sont prêts à s'unir pour vous contre la tyrannie Castillane. Vos amis vous servent en aveugles. Dites un mot, tous les bras sont armés ; cependant quelle est votre indolence ! elle vous livre à vos ennemis, à la risée d'une Cour qui vous flatte pour vous attirer et vous perdre. Le secrétaire d'état Vasconcellos est trop habile pour n'avoir pas d'avance forgé les chaînes qui vous attendent à Madrid. Peut-être... oui, votre mort peut-être est résolue. Au point où vous voilà , choisissez , de régner ou de périr.

Le Duc.

Eh bien ! je périrai , s'il le faut ; mais je n'entraînerai pas dans ma ruine des amis, une épouse et ma fille. Madame, non, vos craintes ne sont pas des argumens. Je ne m'engagerai pas dans ce dédale d'intrigues... Que gagnerai-je à cela... jamais plus brillante destinée ne seconda les desirs d'un homme. Né dans un rang illustre , riche des revenus de provinces entières, universellement estimé , chéri , entouré des heureux que je fais, heureux moi-même, ma vie est un continuel enchaînement

d'honneurs ,

d'honneurs , acquis et de tranquilles jouissances. Que faut-il de plus ? j'échangerais ma douce existence contre un vain titre de Roi ? Je frayerais ma route à travers les haines , les ruses , les bassesses , les meurtres , nécessités cruelles des renverse-mens politiques ! favorisé du ciel, si je n'obtenais pas pour tout prix la mort d'un vil conspirateur dont la rage pousse avec lui sur l'échaffaud toute sa famille proscrite.

LA DUCHESSE.

Les Portugais seront bien payés de leur confiance en votre personne !

LE DUC.

S'il faut les défendre en soldat , je suis prêt ; mais me jeter à la tête d'un parti qui me couronne , c'est mettre mon ambi-tion particulière à la place du bien de tous.

LA DUCHESSE.

Et si à votre refus le Portugal s'élève en République , pour qui vous déclarerez-vous , entre le Roi d'Espagne et ce Gou-vernement ?

LE DUC.

Pour ma patrie.

LA DUCHESSE.

Et s'il se choisit un autre Prince ?

LE DUC.

Pour ma patrie.

LA DUCHESSE.

Prouvez donc que vous la voulez défendre **en cessant de** contrarier nos inutiles projets... Arrivez, Pinto, achevez de décider votre maître.

SCENE VII.

LE DUC, LA DUCHESSE, PINTO.

PINTO.

BALANCERAIT-IL encore ?

B

LE DUC.

Non, je suis résolu.

PINTO.

J'y comptais; l'incertitude est le tourment des sots.

LE DUC.

Et tout complot, le crime de l'ambition.

PINTO.

Nous ne complottons point; on vous attaque, nous vous défendons... Votre Altesse permet que je donne un ordre? Pietro, Pietro !

SCÈNE VIII.

LES MÊMES; PIETRO *entre, Pinto lui parle à l'oreille.*

LE DUC.

Je n'ai pas encore vu ce garçon-là.

PINTO.

C'est un de mes valets ; intelligent, exact, il me paie en fidélité les soins que j'en ai pris à la suite d'un accident qui l'a rendu muet pour la vie. Aussi , jamais service plus silencieux ne fit honte aux valets raisonneurs. Revenons au fait, Monseigneur : se peut-il que vous désapprouviez ?...

LE DUC.

Toutes vos menées.

PINTO.

Comment? paieriez-vous d'un ingrat désaveu le zèle de vos serviteurs? Demain , je vous salue d'un nouveau titre, où l'on verra tomber la tête de Pinto.

LE DUC.

Puissions-nous tous deux perdre la vie, plutôt que d'allumer la guerre!

P I N T O.

Il y a rarement combat où les forces sont trop inégales. Les troubles de Catalogne ont contraint l'Espagne à retirer ses garnisons pour grossir l'armée ; les Portugais sont liés d'un sentiment unanime ; une fois soulevés, entre la liberté et le châtiment, ils sentiront la nécessité de vaincre. Vos partisans commandent les flottes, gardent les côtes, tiennent les places fortes ; une ordonnance de cinquante mille ducats envoyés par le Roi pour lever des troupes, vous a servi à payer vos créatures ; on vous aime, on vous choisit, on vous nomme ; ainsi nulle résistance au dedans ; au dehors mille ressources.

L a D u c h e s s e.

Le duc de Médina Sidonia mon frère, gouverneur d'Andalousie, nous donnera, s'il le faut, de l'argent, des hommes, des vaisseaux. Tous les Princes ennemis de la Maison d'Autriche seconderont l'entreprise. Le Cardinal de Richelieu vous a laissé à penser dans les affaires de la Hollande, de quel œil vous verra la France.

P I N T O.

Jamais conjoncture ne fut plus décisive. Le jour est pris, et nos gens sont prêts.

L a D u c h e s s e.

Soyez sensible, Monsieur, à ces preuves de dévouement, les premiers pas son faits ; après avoir ourdi un complot, on n'en assure l'impunité qu'en l'exécutant.

L e D u c.

Ne redoutez-vous pas les recherches et le pouvoir de l'inquisition ?

P I N T O.

Elle nous servira.

L e D u c.

L'autorité ecclésiastique a tant de forces !...

P I N T O.

Elle nous appuiera.

L e D u c.

Que veux-tu dire ?

P i n t o.

Que nous avons un moine, dom Santonello, de la stricte observance de saint François.

L e D u c.

Ils ont pour eux l'Archevêque de Bragues.

P i n t o.

Nous avons celui de Lisbonne, chez qui se sont tenues nos assemblées. Il est éloquent, téméraire, fanatique, il fera schisme. Archevêque contre Archevêque. Fallût-il un Cardinal, nous l'aurions ; et qu'il y eût deux Papes en Europe, nous en aurions un.

L e D u c *riant.*

Il ne doute de rien.

P i n t o *avec force.*

Patience, audace et volonté ; voilà de quoi renverser le monde. Mais qui sait vouloir ? Personne.

L e D u c.

J'admire qu'il ait pu concilier les rivalités des Grands.

L a D u c h e s s e.

En promettant à ceux de votre cour qu'ils obtiendront toutes les dignités ; et aux gentilshommes des provinces d'humilier ceux de votre cour.

P i n t o.

Quant aux roturiers qui déclamaient contre les titres, on leur a promis des lettres de noblesse.

L e D u c.

Nommez-moi ceux des nôtres qui doivent se rendre ici ?

L a D u c h e s s e.

Almada dont vous connaissez l'inimitié contre le Secrétaire

d'Etat et contre la Vice-reine ; caractère sombre, altier, généreux et indépendant : c'est du fiel de sa haine qu'il nourrit ses sentimens pour la liberté publique. Des goûts solitaires ont rendu ses vertus âpres et chagrines ; il est inébranlable et prudent.

Le Duc.

Je le connais.

La Duchesse.

Le grand-veneur Mello, que l'intérêt de sa fortune attache à la grandeur future de notre maison. Il est intrigant et avare.

Pinto.

Vasconcellos qui le craint, paie deux ou trois mille ducats pour le faire suivre et savoir ce qu'il dit ; en lui donnant moitié, il l'eût fait taire. Mais vos libéralités l'ont rendu notre complice.

Le Duc.

Ainsi vous me ruinez en frais qui deviendront superflus.

Pinto.

Hé ! hé ! Monseigneur, les partis se vendent et s'achètent. Tout est au poids de l'or.

Le Duc.

Mendoce n'est-il pas du nombre ?

La Duchesse.

Oui, un génie ambitieux, remuant, façonné pour les révolutions, sans préjugés, sans frein ; toujours ennemi du pouvoir qui gouverne, et cherchant à fonder le sien au milieu des renversemens. Il est violent et hardi.

Le Duc.

Et le quatrième ?

Pinto.

Le Secrétaire intime de votre Altesse, moi, qui ne veux ni brouiller, ni gagner à tout ceci, aimant mieux la vertu que l'or, et mieux la gloire...

LE DUC.

Que la vertu.

PINTO.

Hé ! qu'est-ce que la vie sans illustration ? Le sommeil de
la brute. La gloire est le rêve du génie.

LE DUC.

Que te sert de te consumer dans les travaux, de t'user avant
l'âge ?...

PINTO.

Qu'importe si mon nom dure plus que moi !

LE DUC.

De tenter des hasards où tu te feras tuer.

PINTO.

Pour ne jamais mourir.

LE DUC.

N'attendez-vous pas encore le capitaine Fabricio ?

PINTO.

Et le Cordelier. Ils doivent faire ici leur première entrevue.
J'ai craint que, les employant tous deux à l'insçu de chacun,
comme de coutume, ils ne m'accusassent de méfiance, s'ils en
étaient instruits l'un et l'autre ; ce qui m'a décidé à les réunir.

LE DUC.

De quelle trempe est ce Capitaine ?

PINTO.

Une machine de guerre. Homme d'exécution, inhabile au
conseil, instruit dans son art, borné dans tout le reste ; mais,
armé d'un cœur de fer, il expose sa vie aussi froidement qu'il
donne la mort. Un chef si déterminé, à la tête de quelques
soldats, suffirait à bouleverser Lisbonne. Vous l'allez connaître.

LE DUC.

Non, vous dis-je, je ne paraîtrai point devant eux ; ils
n'arracheront point mon consentement.

La Duchesse.

Vous ne le pouvez refuser.

Le Duc.

Ils doivent s'y attendre.

Pinto, *brusquement.*

Morbleu! Monseigneur, si nous succombons, laissez-nous pendre; mais si nous l'emportons...

Le Duc *irrité.*

Qu'oserez-vous?

Pinto.

Vous proclamer en dépit de vous-même.

Le Duc.

Vous extravaguez... ou plutôt, pris par ma facilité dans vos piéges, je perds l'aimable douceur, les délices d'une vie égale, riante et paisible.

Pinto.

Eh! les agitations de la vie domestique ont-elles rien qui ne soit comparable à celle où vous entrez? Pour le but, quelle différence! Là, le présent qui nous échappe; ici, l'avenir qui nous reste. Que les festins, la danse, le jeu réclament nos veilles, nous les consumons en fatigues, comme pour les plus grands travaux; qu'une contestation s'élève sur nos droits lésés, sur nos biens ravis, sur notre rang disputé, aussitôt la chicane, les arrêts, les appels nous accablent de soucis et dévorent notre existence. N'aspirons-nous qu'au doux avantage de plaire au beau sexe, autre enfer! Les soins, les rivalités, les soupçons jaloux, les duels, le meurtre, le poison, fondent sur les malheureux amans comme sur des candidats politiques. Quel plaisir pur et tranquille ici-bas? Celui de forcer à la chasse des animaux fugitifs? Il n'est souvent pas plus difficile de débusquer les hommes qui nous nuisent; craintives bêtes, moins innocentes que celles que vous poursuivez dans les bois. Appliquons donc l'emploi de notre vie aux illustres entreprises, qui ne coûtent pas plus et qui valent davantage. J'apperçois, je pense, le Capitaine.

L e D u c.

Je vous laisse, et viendrai moi-même remercier vos amis sitôt qu'ils seront assemblés.

L a D u c h e s s e, *à Pinto.*

Courage, Pinto ! le Duc cédera bientôt à nos instances ; je le suis et j'espère le décider.

S C È N E I X.

P I N T O,   L e C a p i t a i n e FABRICIO.

P i n t o.

Capitaine, vous n'avez rencontré ?...

L e C a p i t a i n e.

Personne. On chasse là-bas ; j'ai entendu dans la forêt, les chiens et le son du cor.

P i n t o.

Le Duc doit vous venir témoigner sa gratitude.

L e C a p i t a i n e.

De quoi ? Né Portugais, je fais mon devoir. Il est temps de frotter ces Castillans. C'est un plaisir que je me donne, plutôt qu'un service que je lui rends.

P i n t o.

Çà, Capitaine, avez-vous pourvu aux accidens ? Supposons qu'un lien se brisât tout-à-coup, aurons-nous de quoi renouer la trame ? Si les soldats du palais résistent?...

L e C a p i t a i n e.

Ils sont morts.

P i n t o.

Si le Gouverneur de la citadelle tient bon ?...

L e C a p i t a i n e.

Il sera pendu.

P I N T O.

Si les officiers refusent de commander ?....

L E   C A P I T A I N E.

Ils ont promis.

P I N T O.

Quelques-uns ; mais les autres ?...

L E   C A P I T A I N E.

Plieront.

P I N T O.

Les Grands d'Espagne et les partisans de la Vice-reine se
défendront.

L E   C A P I T A I N E.

Mal.

P I N T O.

Que présagez-vous de la disposition du peuple ?

L E   C A P I T A I N E.

Bien.

P I N T O.

Si l'on soulève quelques furieux à prix d'argent ?...

L E   C A P I T A I N E.

Feu !

P I N T O.

C'est sans réplique. Çà, écoutez-moi, Capitaine. J'ai fait
confidence de nos desseins à un honnête Cordelier qui donnera
sa sanctification à notre cause. Il importe que vous le connais-
siez : c'est un saint homme pour lequel je vous demande égards
et confiance. Pardonnez-moi, si j'ai retardé jusqu'à ce jour
votre entrevue. Le voici qui paraît, je vais lui parler de vous.

SCÈNE X.

PINTO, LE CAPITAINE, SANTONELLO.

P I N T O *au Cordelier.*

Père Santonello, c'est là le Capitaine dont je vous ai parlé ;
il est nécessaire que vous sachiez à quoi vous en tenir sur son

compte. C'est un brave militaire qui n'a pas l'esprit éclairé comme vous , mais qui soutiendra notre sainte querelle de son épée. La douceur de votre profession condescendra sans peine à la brusque franchise de la sienne.

S A N T O N E L L O.

Nous ne sommes ici-bas , mon fils , que pour nous secourir et nous aimer en frères.

P I N T O.

Capitaine , je vous présente le révérend père dom Santonello; mon père , voici le capitaine Fabricio.

L E C A P I T A I N E.

C'est toi , caffard !

S A N T O N E L L O.

C'est toi , damné !

P I N T O, *épouvanté.*

Qu'est-ce ?.... quoi !.. vous vous connaissez !... D'ou?.. depuis quand ?.... comment ?

S A N T O N E L L O.

Un excommunié qui fait outrage au ciel par son amour pour une Juive.

L E C A P I T A I N E.

Un moine qui se hasarde à me trouver chez elle !

S A N T O N E L L O.

Santa Theresia !

P I N T O.

Avez-vous le diable au corps de vous quereller ainsi ? troublerez-vous par ce scandaleux débat l'union qui nous est nécessaire ? Ne tendons qu'à notre but.

L E C A P I T A I N E.

Je ne veux entrer dans aucune affaire avec ce maudit Cordelier.

S A N T O N E L L O.

Cet hérétique nous soufflerait de damnables inspirations.

L e C a p i t a i n e.

Ton nom sera connu et honni dans tout Lisbonne.

S a n t o n e l l o.

Le tien inscrit au tribunal du saint office.

P i n t o.

O enragés ! . . . O enfer ! . . . vous alliez chez cette femme, capitaine , pour vous distraire et boire ?.... et vous , pour l'intérêt de son salut ?

S a n t o n e l l o.

Hélas ! oui, j'espérais la...

P i n t o.

La convertir.

L e C a p i t a i n e.

Moi , j'allais...

P i n t o.

La consoler de quelque chagrin. Hé ! qu'y a-t-il , je vous prie, de plus louable que de soulager l'infortune et de purifier l'ame d'une jeune personne ? (*Bas au Capitaine.*) Il ne vous sied pas de vous fâcher contre un moine, et l'habit de son ordre vous commande des ménagemens. (*Bas au Cordelier.*) Votre religion vous défend ces violences, et vous devez absoudre ces sortes de passions dans un homme de son état. Allons , allons, embrassez-vous cordialement.

L e C a p i t a i n e.

Si je n'étais pas l'agresseur...

S a n t o n e l l o.

Si je n'étais pas l'offensé...

L e C a p i t a i n e.

Si ce n'était en faveur de Pinto...

S a n t o n e l l o.

Si ce n'était au nom du Dieu de paix...

P I N T O.

Hé ! là ! là ! que cette embrassade enveloppe la procédure !

L E   C A P I T A I N E.

Sans rancune, mon révérend.

S A N T O N E L L O.

Ainsi soit-il, mon fils !

P I N T O.

Bon présage de négociation, que d'avoir réconcilié un militaire et un moine irrités. Où diantre m'étais-je fourré ?... Ah ! je vous attendais, Messieurs.

SCÈNE XI.

PINTO, LE CAPITAINE, SANTONELLO, ALMADA, MELLO, MENDOCE.

P I N T O.

Vous aurez sans doute plus d'empire que moi sur le Duc. Il marque une répugnance obstinée à entrer dans nos vues ; et les meilleures raisons ont échoué contre ses refus.

A L M A D A.

Ce n'est donc point le chef qu'il nous faut. Quoi ! les injustices, les ravages dont gémit le Portugais ; quoi ! l'indignation qui doit pénétrer les ames contre nos ennemis ; la ruine de Lisbonne consommée en transférant le commerce des Indes à Cadix ; les fureurs du comte Olivarès et des Chefs de l'État vendus à la Vice-reine ; l'arrière-ban publié par le Roi pour transplanter en Catàlogne la fleur des plus nobles familles, et les y détruire par la pauvreté, la faim ou la guerre ; quoi ! nos domaines livrés à des colonies étrangères ; tant de puissans motifs ne l'arrachent point à sa langueur ! Je le déclare ; ce n'est point là le chef qu'il nous faut.

Il a raison.

Il dit vrai.

Assurément.

M E L L O.

M E N D O C E.

L E C A P I T A I N E.

P I N T O.

De la prudence, Messieurs ! perdez-vous sitôt la mémoire des débats où nous flottons depuis un mois ? Il ne s'agit plus de regarder et de choisir ; allons au fait et soyons indépendans.

A L M A D A.

Je le serai, moi. J'ai là une force que ne vaincront ni la crainte, ni les cachots, ni le fer, ni le feu.

L E C A P I T A I N E.

Voici un bras qui fera trembler la Castille.

S A N T O N E L L O.

Le ciel nous voit et nous bénit.

M E N D O C E.

Notre ligue aurait eu besoin , je crois , du secours d'un de nos alliés.

A L M A D A.

Faire vider les querelles domestiques par nos voisins ?

P I N T O.

Oui , comme ces faux braves qui s'insultent et font battre leurs témoins. C'est aux naturels du pays à le défendre.

M E L L O.

L'appât du gain doublera les efforts ; les hautes promesses que j'ai faites au nom de votre maître...

M E N D O C E.

Mes agens ont visité les bourgs, le port, les cabarets. Les bateliers, les manufacturiers sont à nous.

P I N T O.

Du vin, du vin et des liqueurs pour allumer les cerveaux ;

des chansons pour exalter, des libelles pour aigrir; de chauds orateurs pour fixer les irrésolus, des querelles pour attrouper les curieux; quelques mensonges au nez des crédules de la ville : sur-tout force écrits défendus, afin qu'on se les arrache.

MENDOCE.

Je promets le soulèvement à telle ou telle heure donnée. Il n'y a qu'une voix contre Vasconcellos.

ALMADA.

Le lâche est d'autant plus coupable, que né Portugais, il sert de ministre aux cruautés de Philippe.

MELLO.

Qu'en fera-t-on?

MENDOCE.

Hier on a prononcé sur lui.

MELLO.

Quoi?

LE CAPITAINE.

Tué.

SANTONELLO.

Bénédéto. Et cet Archevêque de Bragues, qui règne au nom de la Vice-reine?

MENDOCE.

Lui!... Son royaume est de l'autre monde.

ALMADA.

L'Archevêque de Bragues... Je réclamerai. Faut-il qu'une juste vengeance ressemble à la furie? Déshonorons notre cause en multipliant les victimes ; suivons l'exemple des barbaries que nous voulons punir ; mettons la rage à la place de la fermeté, et proscrivons l'Archevêque de Bragues. J'ose demander pourquoi? Pour des systêmes contraires aux nôtres. Réduisons-le à l'impuissance de nuire, d'accord ; mais respectons les jours du Prélat. La vie d'un homme innocent vaut mieux que les querelles de parti.

MELLO.

Et s'il s'empare des fonctions du Secrétaire...

S A N T O.

S'il soulève le Clergé ?...

L E C A P I T A I N E.

S'il se jette dans la citadelle ?...

A L M A D A.

Je réponds de lui sur ma tête. Ne comptez sur moi que si la sienne est épargnée.

L E C A P I T A I N E, *bas à Pinto.*

Voulez-vous me croire, Pinto? Cet homme-ci balance, il nous dénoncera... Ne serait-il pas à propos d'y remédier ?

P I N T O.

De qui parlez-vous?... d'Almada?

L E C A P I T A I N E.

Il m'a l'air douteux.

P I N T O, *bas.*

Sûr comme ton épée. (*Haut.*) Que risquons-nous en effet à laisser vivre le Prélat? Engourdi dans l'autorité, il vous niera sa chûte, alors qu'il ne restera que les promotions à faire. C'est un de ces sages routiniers, encroûté dans la vieille politique et croyant qu'il est des impossibilités. Bonnes gens qui n'apperçoivent pas les symptômes du poison qui les tue. Restons unis, épargnons-le; aussi bien serait-ce fonder le pouvoir du Duc sur de sanglantes exécutions : son crédit nous est utile ; pressons-le, prions-le, forçons-le, s'il le faut, à devenir notre chef.

M E L L O.

N'est-ce pas lui qui s'approche ?

M E N D O C E.

Lui-même.

SCÈNE XII.

LE DUC, PINTO, LE CAPITAINE, SANTONELLO, ALMADA, MELLO, MENDOCE.

LE DUC.

JE vous salue, Messieurs. Bon jour, Almada. Comment vous va, Mello? Et vous, Mendoce? Capitaine, on m'a parlé de vous, j'aime les braves officiers. Eh bien! mon révérend, que dites-vous de ce séjour?

SANTONELLO.

Que j'y voudrais une abbaye, Monseigneur.

LE DUC.

Avec le ciel tout s'arrange. Serez-vous de notre chasse, Almada? Pinto, Mme Dolmar court le bois; elle aime à vous rencontrer sur sa route.

PINTO, *avec humeur.*

Quand on a couru mille dangers à vous servir, on peut risquer de vous déplaire. Que disons-nous? raillons-nous? sommes-nous à une partie de plaisir? Ces Messieurs viennent connaître vos intentions.

ALMADA.

Si le Duc ne répond pas au coup-d'œil que le Portugal entier jette sur sa personne, il mérite le reproche éternel de son pays, et de sa race illustre dont il ruine les droits.

MENDOCE.

Les mesures sont prises; on n'a besoin que de votre autorisation.

SANTONELLO.

Au nom de Dieu!

LE CAPITAINE.

Au nom de l'honneur!

PINTO.

P i n t o.

Sauvez vos jours en péril.

L e D u c.

Aurai-je un moyen d'acquitter jamais ces offres de service?..
Hélas! j'en suis touché aux larmes; cependant ma situation...

A l m a d a.

Est un motif pour vous rendre.

L e D u c.

Vos dangers...

M e n d o c e.

Se réalisent, si vous nous abandonnez.

L e D u c.

Votre dévouement...

M e l l o.

Vous garantit le succès.

L e D u c.

Votre perte...

P i n t o.

Est impossible en vous mettant à notre tête.

L e D u c.

De grâce... veuillez m'entendre... ne me forcez pas à rougir
de moi-même. Non, le duc de Bragance n'est pas indigne de
la confiance publique... Mais ce bon Archevêque de Lisbonne;
mais tant d'amis sous le couteau pour moi, vous, Almada,
vous tous, Messieurs... Cela me fait frémir. Pourrai-je me
consoler d'avoir ouvert sous vos pas l'abyme qui vous englouti-
rait?... Si la Cour a juré ma mort, oui, je la préfère à l'horreur de me flétrir par la chûte de mes fidèles défenseurs (*il
leur prend à tous la main*), de me souiller d'une tache sanglante. Laissez-moi, mes amis; vos titres à ma reconnaissance
sont gravés là, au fond de mon cœur... Je vous remercie,
Mello, de vos vues flatteuses à la gloire de ma maison; je vous

C

rends grâce, Almada, de l'honneur que me fait votre estime...
Souffrez que je me retire... Ecouter vos demandes, serait
vous précipiter dans cette entreprise, et je puis seulement
vous jurer qu'il n'est pas un paysan qui risquât pour vous sa
chaumière de meilleur cœur, que je vous sacrifierais ma fortune et ma vie.

A L M A D A.

Et nous nous applaudissons d'avoir exposé nos biens et nos
personnes pour le salut de la vôtre ; car, ne nous y trompons
point, nos premières démarches attachent notre sort au succès
de la dernière ; et dussions-nous reculer maintenant, la moindre
lumière portée dans la suite à Vasconcellos, l'éclairerait assez
pour notre ruine.

L E   D U C.

Vous êtes menacés ?... Il suffit ; je n'examine plus rien.
Celui-là est ingrat et lâche qui délibère et balance quand
ses amis sont en danger. Comptez sur moi. (*Il sort.*)

P I N T O.

C'est assez, Monseigneur. Il est à nous.

S C È N E   X I I I.

PINTO, LE CAPITAINE, FABRICIO, SANTONELLO, ALMADA, MELLO, MENDOCE.

A L M A D A.

RETOURNONS à Lisbonne, et rendons sa réponse à notre
assemblée.

P I N T O.

Ne comptons pas sur lui pour soulever la province d'Alen-
téjo. Dressons nos manifestes, nos batteries ; dépêchons les
couriers, et que le coup porté à Lisbonne ébranle tout le Portugal ensemble. Je vais demander au duc une lettre pour

l'amiral dom Lopez Ozorio, voulant retarder de deux jours le prétendu départ pour Madrid. Que sait-on? ayons du temps devant nous.

M E L L O.

Ne craignez-vous pas que l'on ne pénètre?...

P I N T O.

Rien. On l'attend à Madrid; un grand hôtel est meublé; les livrées prises, sa maison partie, les fêtes annoncées, et les jeunes femmes, dans l'impatience, inventent déja leurs modes et leur parure. Santonello, Vasconcellos ne soupçonne pas la fausseté des confidences que vous lui faites sur nous?

S A N T O N E L L O.

Tout subtil qu'il soit, il est loin de se douter...

P I N T O.

Qu'il vous paie pour le tromper. Quittons-nous, et suivons des routes différentes.

A L M A D A.

Adieu.

P I N T O.

Adieu... Tous... ce soir... Je vais ramener la Duchesse et sa fille à Lisbonne, faire éloigner le Duc... Vous, par le bois. Vous, le long du village. Vous, un fusil en main, chassant l'oiseau. Passez le Tage séparément; sur-tout l'air désoccupé, le sourire à la bouche, le front libre, et point de ces rides de conspirateur.

Fin du premier Acte.

ACTE II.

*Le Théâtre représente un salon du palais
de la Vice-reine à Lisbonne.*

SCÈNE PREMIÈRE.

L'ARCHEVÊQUE DE BRAGUES, LA VICE-REINE, L'AMIRAL DOM LOPEZ.

LA VICE-REINE.

OUI, cette suprême autorité de Vasconcellos porte atteinte
à la mienne. C'est un droit qu'on lui donne ou qu'il s'arroge ;
d'une ou d'autre part, j'en suis blessée.

LOPEZ, *souriant.*

L'intention de la Cour, Madame, n'est point de vous mettre
en tutèle, comme vous le dites ; je m'ouvrirai au comte
Olivarez sur l'objet de vos plaintes.

L'ARCHEVÊQUE.

Puérilités que cela ! la Cour vous adresse les ordres, votre
Altesse les fait exécuter : tout est dans l'ordre et revêtu du
sceau de votre dignité.

LOPEZ.

On cherche à brouiller... Ces rivalités de pouvoir ne peuvent
exister entre le Secrétaire d'État et votre Altesse.

LA VICE-REINE.

Entre nous, Monsieur, on a fait diversion aux haines publiques des Portugais , en les rendant particulières. Au mépris de la cause commune, un parti s'est armé contre un parti, et l'Espagne intervenue dans le débat, les a frustrés tous les deux.

L'Archevêque.

Vous avez dans l'esprit, Madame, une justesse rare, et touchez admirablement bien le point juste des choses ; c'est cela qui rend le pouvoir du Roi inattaquable.

La Vice-reine.

On n'est pas sans inquiétude sur les projets du Duc de Bragance. Il court des bruits sourds , avant-coureurs d'événemens sinistres.

L'Archevêque.

Sottises de nouvellistes !

Lopez.

Vous savez que Vasconcellos a l'œil pénétrant.

La Vice-reine.

Les projets du Duc l'alarmaient à tel point , que vous aviez reçu l'ordre de l'attirer sur vos vaisseaux , lorsqu'il visita les ports et de vous assurer de sa personne.

L'Archevêque.

Diable ! c'est un coup d'autorité, cela.

Lopez.

Ce devoir me répugnait à remplir , heureux que des obstacles m'en aient dispensé ; je préfère l'emmener amicalement à Madrid selon mes nouvelles instructions. Nous ferons connaissance en route ; je saurai enfin quel est le caractère de ce Duc. Demain nous partons.

L'Archevêque.

Vous ne l'avez point vu ?

Lopez.

Jamais.

LA VICE-REINE.

Vous n'avez rencontré le Duc nulle part ?

LOPEZ.

Nulle part.

LA VICE-REINE, *souriant.*

Et sa femme ?

LOPEZ.

Très-fréquemment, depuis que votre Altesse me la fit connaître.

LA VICE-REINE.

Elle vous paraît ?

LOPEZ.

Très-belle.

LA VICE-REINE.

Oui, des yeux assez noirs, et si elle avait le teint...

LOPEZ.

Le sien est d'une fraîcheur !...

LA VICE-REINE.

Oui, pour son âge.

LOPEZ.

Elle est jeune encore.

LA VICE-REINE.

Oh ! fort jeune. Je m'apperçois, Amiral, qu'elle vous plaît trop pour vous en parler davantage.

LOPEZ.

Moi, Madame, je serais bien à plaindre !.... Obligé de m'éloigner dans vingt-quatre heures.

L'ARCHEVÊQUE.

Vous ! l'homme aux galantes aventures !

LA VICE-REINE.

Monsieur l'Amiral, vous aimez la Duchesse ; elle est l'objet de tous les soins que vous rendez, de toutes les visites que vous faites. Sans doute on vous plaint, on s'étonne d'oublier ses rigueurs jusqu'à vous prêter l'oreille. On rougit de soi-même... cependant on vous dit ce que l'on projette, où l'on va, et pourquoi? pour vous prescrire de ne pas vous y trouver, de ne plus parler de votre amour ; toutes belles défenses qui sont autant de secrets engagemens qu'une femme ne tarde pas à sceller d'un nœud plus intime, ou qu'elle ne rompt point sans quelque dommage à sa pudeur : voilà de point en point où vous en êtes.

L o p e z.

Non, madame ; et s'il faut le dire, cette sévérité de la Duchesse est plus forte pour m'attirer, que toutes les grâces de sa personne. Une maudite réputation d'inconstance et d'audace que l'on me prête aux yeux de votre sexe, m'a précédé jusqu'ici, et j'en ignore les raisons.

L a V i c e - r e i n e.

Ah ! les discours inconsidérés que vous avez tenus souvent contre les femmes....

L o p e z.

Contre les femmes !... l'on m'en a bien corrigé. Il ne m'arrivera plus de dire du mal d'elles, et je sais trop ce qu'il en coûte ; mais en bonne justice, devrait-on m'accuser de les haïr ? moi qui souvent ai poursuivi un léger espoir donné par l'amour, plus vivement que toutes les promesses de la fortune. J'étais las d'un commerce infidèle de froides galanteries, de faussetés réciproques, de protestations vaines, lorsque j'ai rencontré madame de Bragance. Son air, sa simplicité noble et touchante, à laquelle toute votre cour rend hommage, m'ont ému plus vivement que je ne l'avais encore été. Suprême avantage de la vertu ! elle prête son éclat à tous les dehors des femmes ; elle les environne de respect et de soumission, elle embellit leurs manières, elle semble épurer même les traits de leur visage, leur donner des grâces délicates que n'eut jamais l'effronterie. Que vous dirai-je ? elle leur fait remporter ce double triomphe, de s'attacher tout l'amour des cœurs

C 4

sincères et passionnés, et de mériter toutes les attaques des hommes qui mettent leur orgueil à les séduire.

LA VICE-REINE.

Et votre modestie vous range au nombre de ces derniers?

LOPEZ.

Hélas! Madame, je fus sincère autrefois autant que sensible; mais on m'a si souvent trompé... qu'il m'a fallu réprimer mes inclinations naturelles.

SCÈNE II.

L'ARCHEVÊQUE DE BRAGUES, LA VICE-REINE, L'AMIRAL DOM LOPEZ, M.me DOLMAR.

LA VICE-REINE.

D'où venez-vous ainsi, belle dame?

M.me DOLMAR.

De chasser aux environs d'Almida; je suis accablée. Tenez, monsieur l'Amiral, c'est une lettre du Duc de Bragance; il m'en a chargée

LA VICE-REINE.

Lisez, Monsieur.

LOPEZ.

Il m'annonce un retard de deux ou trois jours, et demande si les ordres laissent à ma disposition...

LA VICE-REINE.

Quoi? de nouvelles lenteurs! Répondez que non.

LOPEZ.

Si vous l'ordonnez, Madame...

LA VICE-REINE.

D'éternels retardemens! Il y a quelque intrigue là-dessous.

L'ARCHEVÈQUE.

Pas la moindre ; vous me connaissez, Madame : mes biens sont à vous comme mon sang, et je suis pour votre Altesse dans la plus parfaite sécurité. Considérez donc... les droits d'Espagne... une usurpation affermie... un siècle bientôt révolu... songez-y... depuis Philippe II... des troupes... des ministres adroits... Mais qu'entreprendrait le Duc !... qu'entreprendrait-il ? il se perdrait, il se déshonorerait... Fi donc !... fi donc !

M.me DOLMAR.

Entreprendre ! lui ! oh ! rien, je vous assure, Madame ; si votre Altesse eût pu le voir comme moi, riant, chassant dans la forêt.. sa seule passion est celle du plaisir... il ne poursuit que des cerfs ou des femmes.

LOPEZ.

Il a commandé les armées et n'a pas pressé l'ennemi moins vivement.

SCÈNE III.

LA VICE-REINE, L'ARCHEVÈQUE DE BRAGUES, L'AMIRAL DOM LOPEZ, M.me DOLMAR, PINTO.

PINTO.

La Duchesse de Bragance m'a chargé, Madame, de vous remettre ces paquets ; elle vient vous rendre ses devoirs.

LA VICE-REINE.

Entrons ; je veux parler à Vasconcellos : venez, Amiral, donnez-moi la main.

SCÈNE IV.

PINTO, M.me DOLMAR.

M.me DOLMAR.

Pinto, vous sortez sans me rien dire !... Est-ce là de la galanterie ?

PINTO.

Laissons ce pueril métier aux gens qui ne peuvent s'aimer.

M.me DOLMAR.

Un amour réciproque doit-il ôter le besoin de dire qu'on l'éprouve ?

PINTO.

Il cède à celui de le prouver, et ce desir abrège les discours.

M.me DOLMAR.

Et fait-il prendre la fuite ?

PINTO.

Oui, lorsqu'on craint l'œil des importuns dans un salon ouvert à tout venant, où l'indiscrétion d'un geste fait mille jaloux.

M.me DOLMAR.

Non, lorsqu'on a mille affaires.

PINTO.

Celle de vous plaire est pour moi la première de toutes, et je n'en ai pas de seconde.

M.me DOLMAR.

Qui vous rend donc si ennuyé aujourd'hui ?

PINTO.

Le bonheur a sa mélancolie.

M.me DOLMAR.

La vôtre vous sied mal ; vous devenez le plus maussade du monde.

P I N T O.

Voulez-vous que je rie sans sujet, comme ceux qui n'ont rien dans le cœur ?

Mme D O L M A R.

Non, mais quittez cette humeur fantasque. Si l'on dit partout que je suis frivole, ma réputation est faite et je ne veux point d'un mari philosophe.

P I N T O.

Il faut pourtant l'être pour affronter le mariage.

Mme D O L M A R.

Encore de vieux mots contre les femmes !

P I N T O.

Quand on parle de leurs vieilles habitudes, on se répète.

Mme D O L M A R.

Que vous méritez bien ce qui vous arrive !

P I N T O.

Que vous nous traitez bien selon nos mérites !

Mme D O L M A R.

Monsieur Pinto !

P I N T O.

Madame !

Mme D O L M A R.

Vous êtes insupportable ; je vous hais du fond de l'ame.

P I N T O.

Vengez-vous.

Mme D O L M A R.

Comment ?

P I N T O.

Épousez-moi vîte.

Mme D O L M A R.

Vous me bravez !... vous serez mon époux.

P I N T O.

Je me livre, et préfère au repos sans vous, mille dangers en vous possédant. Que ce baiser sur votre main , vous rappelle qu'elle m'est promise. (*Il lui baise la main.*)

Mme D O L M A R.

Et que vous l'obtiendrez. Adieu. Le devoir m'appelle auprès de la Vice-reine. Il serait d'ailleurs à craindre que l'on ne nous surprît ensemble.

SCÈNE V.

PINTO, *seul.*

O INSUPPORTABLE gêne que ces fades niaiseries, ces tendresses, ces dehors distraits , pour un homme oppressé de mes inquiétudes ! je succombe sous le poids. Qu'ai-je maintenant à faire? L'oisif, pour dérouter les argus... fatale prévention de la crainte ! chaque mot, chaque geste de ceux qui m'abordent , me fait frissonner aujourd'hui. Il me semble que mon cœur soit à jour de toutes parts, et je rencontre mille sots qui ne se doutent de rien, dont les yeux m'assassinent. Il me faut tout voir , sans avoir l'air de regarder, caresser ceux que j'abhorre , perdre un temps qui me presse, causer et folâtrer quand un serpent me ronge. Que le jour est tardif !... toutes les heures qui sonnent viennent retentir là... (*Il se frappe le sein.*) Courage ! courage !... ces palpitations qui m'étouffent, sont celles d'une joie anticipée... Oh ! ces Castillans... O Pinto Rebeiro ! sois la gloire ton nom ; veille, travaille, consume-toi , meurs s'il le faut, et délivre ton pays. Courez , hommes frivoles, courez les fêtes, les divertissemens, vous qui ne séchez pas au feu d'une noble ambition ! Passion sourde et terrible, plus dévorante que toutes les autres ! elles peuvent se satisfaire par leur indiscrette impétuosité; tu n'arrives à ton but, qu'irritée par le silence et la contrainte... Le coup sera porté... les vils ressorts mis en œuvre disparaîtront, et après l'intervalle d'un ou deux siècles, Pinto sera mis au rang des grands hommes. Pourquoi ?... pour

avoir mené un empire comme la maison de son maître. On
vient. .... Reprenons le masque. .... Héée! c'est le Juif Lémos.

SCÈNE VI.

PINTO, LEMOS.

PINTO.

Vous venez de voir le Secrétaire !

LEMOS.

Que ché fiens t'entretenir touchant ine crande affaire te
commerce. C'est pourquoi ché fous ai tonné parole te fous foir
au passache, tans c'te palais te la Fice-reine. Qu'y a-t-il pour
fous serfir ?

PINTO.

Il ne s'agit pas de moi, cher Lemos; un grand personnage
vous honore d'une confiance particulière, et m'a commandé de
m'ouvrir librement avec vous sur ses intérêts les plus cachés.

LEMOS.

Afec moi ? qui est c'te personnache ?

PINTO, *bas.*

Le seigneur dom Juan , généralissime des armées du Roi
d'Espagne, le Duc de Bragance.

LEMOS, *surpris et flatté.*

Oh !

PINTO, *mystérieusement.*

Jurez-moi discrétion ; je vous dirai tout bas que demain il
doit partir pour Madrid avec l'Amiral dom Lopez.

LEMOS.

Oui, c'est un bruit tans la file et tout le monde le tit.

PINTO.

Tout le monde ! tout le monde babille ou jase au hasard....

mais ce que vous tenez de moi, son Secrétaire intime, est avéré et indubitable.

L E M O S.

Oh ! ché sens pien , il y a in grand tifférence.

P I N T O.

Il me faut aussi vous dire la cause secrette de son éloignement ; il est rappelé à la cour par l'ordre du roi Philippe.

L E M O S.

Ché safais encore ; c'est in noufelle piplique.

P I N T O.

Une nouvelle ! oui, que l'on répand sur des conjectures, sur des bruits vagues. Qu'en sait-on pour en parler ? Connaît-on les mystères du cabinet ? Mais vous êtes à la bonne source, et je vous parle en confidence, moi, de la part du Duc lui-même ; est-ce clair ?

L E M O S.

Oh ! assirément, il y a in crand tifférence.

P I N T O.

Une autre circonstance que vous ignorez, et qui jusqu'à ce jour a retardé son voyage, est qu'il manque d'argent.

L E M O S.

Oui, l'on m'a tit tout cela, tout te même.

P I N T O.

Fondé sur quoi ? Il n'a pas fait d'emprunt qui donne lieu de le penser.

L E M O S.

Ça, ché l'ai pas ententi dire.

P I N T O.

On est donc mal instruit ; car il n'a révélé ce secret qu'à moi qui vous le confie. C'est bien autre chose.

LEMOS.

Oh! ché conçois qu'il y a in très-crand tifférence, et ché fous remercie, monsié Pinto, de tout ce que fous m'afez appris.

PINTO.

De grace, le silence le plus profond..... « Pinto, m'a dit le
» Duc, le roi d'Espagne m'appelle, mes finances sont épuisées ;
» va trouver Lemos, le plus riche, le plus considérable, le
» plus honnête négociant de Lisbonne, a-t-il ajouté ; homme
» de probité qui a un crédit immense.

LEMOS.

Il a tit cela ?

PINTO.

En propres mots. « Va le trouver, parle-lui sans détour,
» et propose-lui, de trente mille ducats dont j'ai besoin, l'in-
» térêt loyal qu'il exigera. »

LEMOS.

Hélas ! mon cher Monsié, l'embarras où ché suis m'afflige extrê-ment.

PINTO.

Vous ne pouvez lui rendre ce service ?

LEMOS.

La maisson te Corée, mon associé, et la mienne, sont à la tête t'ine foule innombrable t'ateliers et te manifactires ; nous tevons beaucoup, il faut payer ce matin ou chasser les oufriers.

PINTO.

Chassez-les.

LEMOS.

Ces chans-là se souleferont contre nous.

PINTO.

Point ; déclarez franchement aux ouvriers que vous suspendez leurs travaux deux mois, faute de fonds ; que les taxes dont vous charge Vasconcellos ont entièrement vidé vos coffres ; leur colère ne s'exhalera plus sur vous, mais sur le secrétaire d'Etat.

L E M O S.

Fous afez raison.

P I N T O.

Faites cette déclaration aujourd'hui , et comptez-moi sur-le-
champ les trente mille ducats , espèces sonnantes.

L E M O S.

A quel intérêt ?

P I N T O,

Celui de votre conscience ; apportez l'argent, le Trésorier en
passera par tous les arrangemens qui vous conviendront.

L E M O S.

Si les oufriers en se mutinant contre Fasconcellos , chettent
le trouble dans la file ?

P I N T O.

Il a en main la force et les appaisera ; que vous importe
qu'ils s'en prennent au Ministre?

L E M O S.

Rien titout ; ché fais les conchétier et me rendre aussitôt
après. . . . .

P I N T O.

Chez le Trésorier du Prince : l'on voit que vous êtes le premier négociant de l'Europe , et non moins habile qu'officieux.
Adieu , mon cher Lemos.

L E M O S.

Atieu , mon cher Monsié ; il y a tans mes coffres tix mille
tucats comptant ; mon associé en a une fingtaine , cela fait le
compte. La maisson Lemos et Corée est heureux te serfir la
maisson Pracance.

SCÈNE

SCENE VII.

VASCONCELLOS, PINTO.

VASCONCELLOS, *après avoir salué le moine Santonello qui le quitte.*

Vous traitiez avec le négociant Lemos, M. Pinto?

PINTO.

Pour un prêt d'argent utile au duc de Bragance, qui va partir. Vous, monsieur, n'écoutiez-vous pas quelques délations de ce méchant Moine?

VASCONCELLOS.

Vous le craignez parce qu'il hait votre maître?

PINTO.

Et vous l'aimez parce qu'il nous espionne.

VASCONCELLOS, *à part.*

Tâchons de le sonder. (*Haut.*) D'où vient que l'on me prête cet acharnement contre le Duc? Ne dois-je pas ma surveillance active aux affaires de l'Etat? ne suis-je pas contraint à l'exercer sur lui comme sur un autre? Je vois, M. Pinto, qu'une juste sévérité m'attire les ressentimens de tous; les Portugais n'ont aucun égard aux soins que je me donne à les maintenir dans le repos.

PINTO.

Dans la léthargie.

VASCONCELLOS.

A lever, habiller, nourrir les troupes.

PINTO.

Pour vous défendre.

VASCONCELLOS.

A régler la recette des fonds publics.

D

P I N T O.

Pour vos dépenses secrètes.

V A S C O N C E L L O S.

A contenir les grands.

P I N T O.

Pour faire taire les petits.

V A S C O N C E L L O S.

A chasser les ambitieux.

P I N T O.

On craint la concurrence.

V A S C O N C E L L O S.

M. Pinto, respectez s'il vous plaît.....

P I N T O.

Le Secrétaire d'une Cour ! je suis celui d'un Prince, ce titre est ma garantie.

V A S C O N C E L L O S.

N'entrons pas, M. Pinto, dans ces difficultés ; toute prévention à part, comment le Duc a-t-il répondu aux faveurs dont le Roi et son ministre Olivarez l'ont tous les deux comblé? Son rang voulait de la circonspection : issu d'une famille...

P I N T O, *affectueusement*.

A-t-il dépendu de lui de naître obscur.... comme nous.

V A S C O N C E L L O S.

Ne nous écartons pas... On lui avait d'abord offert le Gouvernement du Milanez ; et depuis, le commandement général des forces de mer : comment a-t-il répondu à ces nouvelles marques d'honneur ?

P I N T O.

En exécutant les ordres qu'il avait reçus.

VASCONCELLOS.

Ne marchant qu'entouré de je ne sais quel appareil, comme
s'il eût voulu protéger sa personne.

PINTO.

Son goût est d'avoir toujours un grand train à sa suite.

VASCONCELLOS.

A-t-il lieu de craindre ?

PINTO.

Si peu, qu'il se rend à Madrid sans défiance.

VASCONCELLOS.

Vous emmène-t-il ?

PINTO.

Quel besoin de moi, à Madrid ?

VASCONCELLOS.

Non, plutôt à Lisbonne ?

PINTO.

Pour veiller à ses intérêts.

VASCONCELLOS,

Peut-être.

PINTO.

Moi comme tout autre.

VASCONCELLOS.

Prenez-y garde ; il m'est venu certains bruits que vous aspi-
riez à nouer une conspiration..... Il y va de la corde pour ceux
qui s'y font prendre.....

PINTO.

Je veux être pendu si cela m'arrive.

VASCONCELLOS.

Je puis tout et serais terrible.

P I N T O.

Ah ! je vous désarmerais.....

V A S C O N C E L L O S.

Que l'on s'y joue.

P I N T O, *à part.*

Peste! cela n'est pas un jeu.

SCÈNE VIII.

LA VICE REINE, LA DUCHESSE DE BRAGANCE, VASCONCELLOS, PINTO.

(Durant la scène , Vasconcellos feuillette ses papiers.)

L A V I C E - R E I N E.

L'on m'avait dit que la Duchesse entrait.... Ah! je l'apperçois.... Que je suis aise de vous voir !

L A D U C H E S S E.

Mille raisons m'ont long-temps privée de la faveur que je
reçois, Madame.

L A V I C E - R E I N E.

En vérité, Madame, je vous croyais décidée à me fuir.

L A D U C H E S S E.

Si le goût de la retraite me faisait oublier à ce point mes
devoirs, vos bontés me rappelleraient auprès de vous.

L A V I C E - R E I N E.

Vous me teniez rigueur, et n'avez pas cru sincèrement au
plaisir que me font vos visites.

L A D U C H E S S E.

La peur qu'elles ne devinssent importunes, les a rendues
moins fréquentes.

L A V I C E - R E I N E.

Ceux qui vous ont inspiré cette crainte, vous ont trompée,
Madame.

LA DUCHESSE.

On a tant débité d'impostures sur les intentions de M. le Duc et sur les miennes, que je n'aurais pas murmuré d'une injustice.

LA VICE-REINE.

Ce mot suffit, Madame; mon amitié vous avait défendue contre de vains propos qui ne devaient pas arriver jusqu'à moi; que rien n'altère plus l'union dont je veux resserrer les nœuds entre nous; ne nous quittons pas un moment; qu'à la campagne et à la ville on nous voie désormais ensemble. Pardonnez-moi un refroidissement dont m'a punie votre absence; qu'un baiser achève notre réconciliation sincère : embrassez-moi, Madame.

LA DUCHESSE.

Vous me comblez, Madame.

LA VICE-REINE.

Je répare mes torts et veux demeurer votre plus chère amie, entendez-vous? Faites de ma part des adieux à M. le Duc; dites-lui mes vifs regrets de son éloignement.

LA DUCHESSE.

Il y croira, Madame.

LA VICE-REINE.

Il n'y a personne à la Cour qui me plaise autant que lui.

LA DUCHESSE.

Personne qui vous respecte davantage.

LA VICE-REINE.

On m'attend; excusez-moi de vous quitter sitôt, Madame.

LA DUCHESSE.

Madame, j'ai déja trop abusé de vos momens.

LA VICE-REINE.

Que je vous embrasse encore !

54　　　　　　P I N T O,

L A D U C H E S S E.

Ah ! Madame... (*Elles s'embrassent.*)

P I N T O, *à part, les regardant.*

Caressez-vous, douces créatures ! Je poignarderais mon
ennemi sur la foi d'un pareil baiser.

L A V I C E - R E I N E, *au Secrétaire, en s'en allant.*

Vasconcellos, surveillez toujours la Duchesse.

L A D U C H E S S E, *bas à Pinto.*

Assurez-vous sur-tout de la vice-Reine.

S C È N E   I X.

L A D U C H E S S E, P I N T O.

P I N T O.

Soyez en paix; les choses vont au mieux. Ce négociant Juif
et moi, venons de clore une affaire qui me promet un double
résultat. L'argent pour nos fidèles et le soulèvement du plus
nombreux atelier de la ville. Les gens de votre hôtel sont en
route. Deux personnes dévouées, vigilantes, épieront celles
qui peuvent entrer ou sortir durant la journée. Un bal que j'ai
fait donner, écarte ce soir toutes vos camaristes. Ainsi nulle
indiscrétion. Le Ministre m'a parlé, il ne se doute de rien. Je
me suis expliqué devant lui fort imprudemment.

L A D U C H E S S E.

Eh ! pourquoi ?

P I N T O.

Pour qu'il ne soupçonne pas ma prudence. Le coup partira
cette nuit; mais en cas d'obstacles, obtenez de l'Amiral qu'il
diffère le voyage à quelque prix que ce soit.

L A D U C H E S S E.

A quel titre ? par quel moyen ?

P I N T O.

Une autre femme que vous, sauf le scrupule, mettrait tout

en usage pour le séduire ; il ne vous faut qu'un regard, Madame, et vous ne perdrez pas une cause qui peut se gagner d'un coup-d'œil.   (*Il rentre.*)

SCÈNE X.

LA DUCHESSE, *seule.*

Que me conseille-t-il ?... Une feinte coquetterie indigne de moi... cette ruse coûte à ma délicatesse... Mais il faut empêcher qu'on entraîne mon époux à Madrid... et son intérêt, son salut doivent servir d'excuse à mes artifices.

SCÈNE XI.

LA DUCHESSE, LOPEZ, OZORIO.

LOPEZ.

Madame, les derniers instans qui me restent à vous voir, me seraient précieux, si je n'avais pas à vous parler d'objets qui vous affligent.

LA DUCHESSE.

Vous avez reçu, sans doute, une lettre de M. le Duc.

LOPEZ.

Il m'avertit encore d'un délai, tandis que mes dépêches expédiées ce matin, annoncent à jour fixe son départ.

LA DUCHESSE.

Qu'est-ce que deux ou trois jours ?

LOPEZ.

L'impatience de la Cour, mes propres affaires me commandent la promptitude, et je n'ose...

LA DUCHESSE.

M'obliger, Monsieur ?..

LOPEZ.

Ah ! Madame, si la Vice-reine ne m'eût ordonné tout-à-l'heure de hâter les dispositions prises avec M. le Duc...

L a D u c h e s s e.

Elle a pu vous l'ordonner avant de m'avoir vue! Quelques préventions injustes que ma présence vient de détruire, ont dicté cet ordre qu'elle révoquera sans peine.

L o p e z,

Si elle m'autorise...

L a D u c h e s s e,

Je juge quelle sera la dette de ma reconnaissance pour elle, à ce qu'il vous en coûtait pour m'être favorable.

L o p e z.

Doutez-vous, Madame, de l'embarras où vous me jetez? Est-il une situation plus pénible que celle d'un homme entre son devoir et vous?

L a D u c h e s s e.

Il m'a paru que vous n'aviez pas même l'irrésolution à combattre.

L o p e z.

Je ne le cache point; j'aurais bravé pour vous plaire, et la Vice-reine et la Cour, et les Ministres; mais vos froideurs m'exilent, et je me rends à mon devoir.

L a D u c h e s s e.

Ce dernier motif est louable. Souffrez que je regarde les autres comme un adroit artifice pour éviter les demandes que j'aurais pu vous adresser encore.

L o p e z.

Ainsi vous attribuez à un vil manège de courtisan, l'expression d'une douleur si vraie?

L a D u c h e s s e,

J'ai sujet de la mettre en doute.... car à vous voir si empressé de.... quitter Lisbonne...

L o p e z.

Eh! qui pourrait m'y retenir? Depuis mon arrivée, que de

soins ne vous ai-je pas rendus ! Mais à quoi m'ont servi mes assiduités, mes sacrifices ? à me prouver que vous êtes au-dessus de toutes les femmes, ou que je suis à vos yeux le dernier des hommes.... J'ai pu songer au tourment de ne vous revoir jamais, et m'y condamner ; rien ne saurait plus ébranler mon courage. Demain donc si le Duc ne se met en route, je pars seul, et m'excuserai sur ses refus.

LA DUCHESSE.

Eh bien ! Monsieur, avais-je tort de dire que mes sollicitations étaient impuissantes sur vous ? ne contraignez-vous pas habilement ma délicatesse au silence ? ou plutôt n'ai-je pas lieu de croire que las de feindre un amour inutile, vous précipitez avec joie l'occasion de vous délivrer d'une ennuyeuse persévérance ? Vous me faites des reproches, je m'en fais de plus graves ; le Duc ne vous connaît pas ; peut-être j'aurais dû vous éloigner de moi pendant son absence : j'étais loin d'imaginer que ma bonté à entendre vos aveux, fût une marque de ce mépris pour vous, dont vous m'accusez.

LOPEZ.

Cruel pouvoir d'un mot de votre bouche ! ah ! vous renversez mes idées... Mais, non ; les opinions dont on m'a noirci... cette détestable commission d'accompagner le Duc en Espagne... tout vous porte à me haïr.

LA DUCHESSE.

Tout me chagrine..... C'est vous, moins que tout autre, qui devriez être l'artisan de mes peines.

LOPEZ.

Qu'entends-je ?.... Expliquez-vous, Madame ?

LA DUCHESSE.

Vous me séparez de mon époux.... Au nom de la Cour, vous agissez contre moi....

LOPEZ.

Voilà ce qui vous irrite.... Ah ! que j'expie le malheur de

vous affliger en subissant votre vengeance! Exercez-la, tyran-
nisez-moi, vous en êtes la maîtresse..... la mort seule rompra
les fers que je prends à vos pieds.

L A D U C H E S S E.

Levez-vous.... Monsieur.... levez-vous.... Qu'ai-je à vous
répondre ? le devoir qui me lie me défend de vous écouter
davantage. ... le vôtre vous emmene loin de Lisbonne.
Demain, peut-être. ...

L o p e z.

Hé! non, non, Madame!... Ne venez-vous pas de me le
défendre ? vos volontés sont mes loix suprêmes.

L A D u c h e s s e.

Demain, soit, vous resterez ; mais sous quelques jours....

L o p e z.

Quel parti prendre?

L A D u c h e s s e.

Celui de me quitter, Monsieur.

L o p e z.

Madame, vous me désespérez.... Eh! pourquoi me nommer
l'auteur de vos chagrins? pourquoi quitter M. le Duc ? Venez
à Madrid vous-même, venez partager les honneurs qui l'attendent; embellisez nos fêtes de votre éclat; paraissez, effacez
mille rivales.... partez avec lui.

L A D u c h e s s e.

C'était mon dessein, mais une détermination si prompte....,
des obstacles qui m'arrêtent quelque temps.... Vous ne pouvez
attendre !....

L o p e z.

J'attendrais, n'en doutez pas, assuré de vous conduire avec
nous.

L A D u c h e s s e.

N'y songeons point, cela vous est impossible... Je l'avoue,
il m'eût été doux de vous,... de suivre le Duc de Bragance.

Lopez.

Ah! disposez, ordonnez, Madame, j'écrirai, je resterai.....
je ne quitterai point ces lieux sans vous, dussé-je payer de ma
vie le témoignage d'amour que je vous donne.

La Duchesse.

Ne concevez point une espérance que je vous refuse, et ter-
minons cet entretien.

SCÈNE XII.

LOPEZ, *seul.*

Quel trouble! quels discours embarrassés! cette promptitude à me fuir.... Non! mes interprétations ne sont point
présomptueuses.... elle n'a pas craint de m'avouer mon
empire.... elle le déclare, elle est à moi!.... Mon cœur
n'éprouva jamais de plus vive émotion; je sentais le langage de
la feinte mourir sur mes lèvres.... je voulais séduire, et j'étais
séduit; ses yeux attiraient le feu des miens : je ne la trom-
pais point, je brûlais.... Qu'elle était gracieuse et belle! quelle
proie à saisir qu'une si ravissante personne!

SCÈNE XIII.

VASCONCELLOS, LOPEZ, OZORIO.

Vasconcellos.

Je vous cherchais, Amiral; le courier d'Espagne vient d'arriver : lisez.

Lopez, *après avoir lu.*

Dieu!

Vasconcellos.

Un ordre exprès d'arrêter le Duc, et c'est vous qui le devez
exécuter.

Lopez.

Une mesure si violente. . . .

V A S C O N C E L L O S.

Je l'ai sollicitée moi-même du comte Olivarez. De sourdes menées ont excité ma vigilance, et je suis à la piste ; joignez le Duc de Bragance demain au château d'Almada, point de ménagemens.

L O P E Z.

Cette décision m'étonne....

V A S C O N C E L L O S.

Les fils s'embrouillaient depuis un temps, je crois les avoir coupés net. Les Bragance, les Villareal, les Aveïro sauteront, et leurs partisans iront travailler aux mines. Point de pitié ! Soupçonner avant qu'on remue, frapper dès qu'on soupçonne ; voilà comme on gouverne.

L O P E Z.

Me charger, moi, d'une telle commission !...

V A S C O N C E L L O S.

Vous l'aviez reçue déja sur vos vaisseaux, et deviez l'arrêter à bord. Qu'y a-t-il de nouveau ?

L O P E Z.

Monsieur, je ferai mon devoir, quelque peine qu'il m'en coûte.

V A S C O N C E L L O S.

Quelle peine ! bon ! d'arrêter cet homme !...... Un homme que vous n'avez jamais vu, qui ne vous touche en rien !...... Eh ! j'en ai envoyé beaucoup, de mes anciens amis, ramer sur les vaisseaux du Roi. Faites, faites, M. l'Amiral ; point de retard. Demain, au point du jour, allez prendre le Duc. Mystère et promptitude.

SCÈNE XIV.

LOPEZ, *seul.*

AINSI, mes espérances sont ruinées! fatal contre-temps!...
Comment y remédier?... impraticable. Madame de Bragance
me verra comme un monstre, et mes séductions échoueront
toutes contre sa haine!....Devais-je le prévoir? Quoi! cette
femme m'échapperait.... et sans retour! Seulement quelques
jours de plus.... Mais une nuit!... une seule nuit!... Une
nuit vaut une année pour l'intrigue, et en amour un siècle...
Allons, allons, je suis fou!... Comment la voir? Comment
la résoudre?... Non!... Héé! faisons mieux..... l'entreprise
est hardie!... N'importe!... Si je garantissais le duc des
périls qui le menacent;... si j'obtenais à ce prix l'intérêt
tendre que je sollicite de la Duchesse... Eh! dût-elle même ne
point me payer d'une action généreuse, elle est digne de moi!...
Introduisons - nous chez elle, à son insu... sitôt que les ténè-
bres... Que risquai - je?... Un valet suborné, une porte ouverte ou une fenêtre... L'amour et l'or entrent par - tout... et
je veux tenter l'entreprise.

Fin du second Acte.

ACTE III.

*Le Théâtre représente l'appartement de la
Duchesse de Bragance, à Lisbonne.*

SCÈNE PREMIÈRE.
LA DUCHESSE, FLORA.

FLORA.

Que de marques d'affections la Vice-reine nous a données,
Madame !

LA DUCHESSE.

Oui , ma fille.

FLORA.

Elle vous aime tendrement.

LA DUCHESSE.

Les discours qu'elle me tenait n'en seraient pas la preuve.
Apprends à te défier de ces faux dehors d'amitié. Ces paroles-
là sont sur les lèvres , et partent rarement du cœur.

FLORA.

La vilaine chose que de se haïr de la façon qu'on s'aime !

LA DUCHESSE, *à part.*

Il est nuit close , et Pinto n'arrive point.

FLORA.

Qu'avez-vous, Madame ? vous semblez inquiète....

La Duchesse.

Moi ! ... je n'ai rien.

Flora.

Vous êtes changée...

La Duchesse.

Aucun sujet pourtant...

Flora.

Ah ! Madame , depuis une heure entière je vous examine , et votre agitation est si grande... Vous vous levez , vous marchez , puis vous vous rasseyez et vous levez encore... Cet ouvrage , vous l'avez vingt fois interrompu ; alors vous regardez fixement , comme on regarde sans voir , quand on pense. Parlez-moi ; quelles peines éprouvez - vous , Madame, que je ne puisse partager ? Ma jeunesse m'exclut-elle de la confiance d'une mère ? Est-ce à moi, si les consolations vous sont utiles, que vous devez fermer votre ame ?

La Duchesse.

O ma fille !... puis - je ne pas être alarmée de l'ordre qui éloigne votre père ?

Flora.

Ce n'est pas la seule cause de vos inquiétudes... Ce matin, quand il nous annonça la résolution de partir sans nous , vous parûtes moins tourmentée ; ce soir, plus que jamais, votre tristesse s'est accrue.

La Duchesse, *très-émue.*

Oui , oui, parce que le moment approche ... où votre père nous aura quittées.

Flora.

Eh quoi ! ce voyage nous ôte-t-il l'espérance de le revoir bientôt ?

La Duchesse.

Notre position est affreuse, ma fille ; votre père a des

ennemis cruels qui le forcent à ne plus paraître dans cette
ville... qui lui dressent mille embûches dont il est forcé de se
garantir... Nous avons tout prévu, tout disposé pour mettre à
l'abri sa fortune et ses jours... Si l'événement trompe nos pré-
cautions, mon sort peut devenir le plus fatal du monde... Ah
ciel! si vous ne deviez jamais revoir votre père.

F L O R A.

Mon père!... que dites-vous? Ces malheurs que vous craignez, ils sont donc bien terribles... et vous me les cachiez....
et ils seraient tombés sur moi sans que j'y fusse seulement
préparée... Dites-moi, dites-moi toutes vos craintes! que je
n'aie pas à vous accuser de m'avoir laissée dans une sécurité
trompeuse.

L A   D U C H E S S E.

M'accuser! moi, moi qui te chéris si tendrement ; moi qui
suis ta mère.... Ah! jamais tu ne m'accuseras!

F L O R A.

Non, Madame, non ; votre fille ne redoublera pas vos peines
qu'elle veut adoucir.

L A   D U C H E S S E.

Tu me le promets, ma chère Flore ; tu ne m'accuseras de ta
vie?

F L O R A.

En ai-je quelque droit? et vos bontés....

L A   D U C H E S S E.

Quelle que fût notre destinée... fussions-nous frappés des
coups les plus soudains...

F L O R A.

Vous m'effrayez!....

L A   D U C H E S S E.

Le ciel nous protégera, j'espère... les choses humaines sont
si variables, que notre état peut changer... en mal... ou en
bien ; une prospérité brillante, imprévue, nous est peut-être

réservée.... Si au contraire c'était l'infortune... tu te rappelleras mon amour, mes soins, mes alarmes, sur ton père, sur toi... Et tu ne m'accuseras de ta vie... N'est-ce pas, de ta vie ?

F L O R A.

Quel accent, ô ma mère !

L A   D U C H E S S E.

C'est celui de ma tendresse, il ne te doit pas effrayer....; Quelqu'un vient; embrasse une mère qui souffrirait mille morts pour sa fille. Allons, allons, du courage; plus de larmes.

S C È N E   I I.

LA DUCHESSE, FLORA, M.me DOLMAR.

M.me D O L M A R.

Quoi ! Madame, point de musique ce soir ?

L A   D U C H E S S E.

Je souffre, je me suis enfermée.

M.me D O L M A R, *étourdiment.*

Oui, j'ai forcé votre porte ; un homme nouveau, que je ne connais point, m'a dit que l'on n'entrait pas ; j'ai demandé M. Pinto, et me voilà. Comme vous paraissez défaite ! quelle figure altérée ! et la signora Flora qui est toute émue...

L A   D U C H E S S E.

Affligée de me voir malade.

M.me D O L M A R.

Il fallait sortir, aller, faire venir du monde, vous distraire...; Moi, je viens de mille endroits; j'ai appris cent anecdotes les plus gaies chez la marquise Alberta.

L A   D U C H E S S E, *préoccupée.*

C'est une maison aimable...

E

Mme DOLMAR.

Où vont tous mes vieux amis...

LA DUCHESSE.

Vos vieux amis sont jeunes.

Mme DOLMAR.

Je les aime tous différemment.

LA DUCHESSE.

Je ne dis rien de Pinto : c'est l'ami du cœur, lui !

Mme DOLMAR.

Mon dieu ! non... pas plus que les autres, je vous assure.

LE DUCHESSE.

Au même titre, j'entends. (*A part.*) Que cette femme m'importune.

Mme DOLMAR.

Savez-vous ce que l'on raconte de la marquise Alberta ?

LA DUCHESSE.

Non.

Mme DOLMAR.

L'aventure la plus humiliante...

LA DUCHESSE.

Des scandales, fi ! ils deviennent si fréquens, qu'on est las de les entendre. Je ne sais par quelle bizarrerie on s'entretient toujours du vice qui est si commun, et jamais de la vertu qui est si rare.

Mme DOLMAR.

Il est vrai ; cette réflexion là... est... (*Elle bâille.*)

LA DUCHESSE.

Moins gaie que les discours de ces vieux amis.

Mme DOLMAR.

Comme vous me persifflez, Madame !

LA DUCHESSE, *à part.*

Pinto, qui ne consigne pas cette femme !

Mme DOLMAR.

La signora Flora veut-elle faire de la musique ?

FLORA, *travaillant.*

Excusez-moi, Madame ; j'ai hâte d'achever cet ouvrage.

Mme DOLMAR.

Et vous, Madame ?

LA DUCHESSE, *impatientée.*

Ce soir, je n'ai pas de voix.

Mme DOLMAR.

Mais du chagrin. Quelque chose vous agite... Faut-il que je vous laisse ? que je sorte ?

LA DUCHESSE, *troublée, avec empressement.*

Restez, restez, je vous prie... N'imaginez pas... aucun chagrin... rien ne m'agite.

Mme DOLMAR.

En ce cas, ne vous livrez pas à cet abattement ; de grace, chantez votre nouvelle romance.

LA DUCHESSE.

Dispensez-moi...

Mme DOLMAR.

Madame, je n'insiste plus ; oui, il me semble qu'une grande inquiétude vous presse, et je ne veux pas me rendre importune.

LA DUCHESSE.

Importune ! vous ? Jamais. Je n'étais qu'un peu indisposée... (*A part.*) Dieu ! si elle allait soupçonner.... Je vais chanter.

Mme DOLMAR.

N'est-ce pas abuser ?...

LA DUCHESSE, *prenant sa guitarre.*

Du tout, dû tout... (*A part.*) Quel supplice !

(*Elle chante.*)

Un Portugais, dont l'ame fière
S'irritait contre ses revers,
Avec sa fille prisonnière,
Languissait plongé dans les fers.
La mort l'attend, le glaive brille,
Son arrêt ne peut l'effrayer....
Mais les pleurs de sa tendre fille   (*Elle regarde sa fille.*)
Font pleurer le preux Chevalier.

Le murmure des flots du Tage,
Le vent qui mugit sur la tour,
A sa plainte, aux cris de sa rage,
Semblent répondre nuit et jour.
Entre ses mains une arme brille,
Il voit s'endormir le geolier....
Mais l'effroi qu'il sent pour sa fille ,   (*Elle se trouble.*)
Fait trembler le preux Chevalier.

Le Portugais , plein d'espérance,
Frappe son argus endormi,
Et tout prêt de sa délivrance
Rentre aux fers de son ennemi.
Son triste cœur , du fer qui brille
N'attend pas le coup meurtrier,
Et celui qui frappe sa fille ,
Fait mourir le preux Chevalier.

SCENE III.

LA DUCHESSE , FLORA , Mme DOLMAR , PINTO.

PINTO, *surpris.*

PARDON, Mesdames.

Mme DOLMAR,

Quel effroi, Monsieur !

PINTO.

Je suis si étourdi ; j'ai interrompu votre musique...

Mme DOLMAR.

Vous avez eu tort : Madame chante avec une expression !...

PINTO, *bas à la Duchesse.*

Le Duc de Bragance déguisé.

LA DUCHESSE, *à part.*

Le Duc... Ah ! ciel !

PINTO.

Voulez-vous que je vous accompagne un autre air ?

LA DUCHESSE.

Je ne veux plus chanter.

Mme DOLMAR *se promenant dans la chambre.*

Le joli ouvrage ! vous travaillez comme une fée, Signora.

LA DUCHESSE, *bas à Pinto.*

Faites-la sortir.

PINTO *bas à la Duchesse.*

Elle le verrait au passage, il est là. C'est une écervelée, elle peut courir par-tout, rentrer, appercevoir nos gens : emmenez votre fille par ici ; je vais, moi, lui faire une scène.

LA DUCHESSE , *bas à Pinto.*

Elle vous a demandé à la porte.

PINTO, *bas à la Duchesse.*

Dépêchons.

LA DUCHESSE.

Excusez-moi, Madame ; Pinto vient de me rappeler que des lettres importantes...

Mme DOLMAR.

Je me retire.

PINTO *courroucé, bas à Mme Dolmar.*

De grâce, deux mots.

L A D U C H E S S E.

Ma fille , il faut écrire vos adieux à M. le Duc ; je vais vous accompagner jusqu'à votre chambre.

F L O R A , *quittant sa broderie.*

Je vous suis , Madame.

L A D U C H E S S E *à M.ᵐᵉ Dolmar.*

Bon soir.

S C È N E I V.

P I N T O , M.ᵐᵉ D O L M A R.

M.ᵐᵉ D O L M A R.

Quel air furieux !

P I N T O.

Mon air ne ment pas, je le suis.

M.ᵐᵉ D O L M A R.

A quel sujet, mon ami ?

P I N T O , *embarrassé.*

A quel sujet?... Belle question !... D'où venez-vous, je vous prie ?

M.ᵐᵉ D O L M A R.

De chez la marquise Alberta ?

P I N T O.

Une femme sans mœurs.

M.ᵐᵉ D O L M A R.

Que tout le monde voit.

P I N T O.

Eh ! qui ne voit-on plus ?

M ᵐᵉ D O L M A R.

Votre colère, Monsieur...

PINTO.

Il y avait grand monde, et vos coquetteries s'y sont exercées selon l'usage.

Mme DOLMAR.

Elle était seule.

PINTO.

Justement, vous attendiez quelqu'un en secret chez elle.

Mme DOLMAR.

Il est venu plus tard, une personne.

PINTO.

Celle qui vient si souvent ?

Mme DOLMAR.

Non, une qui n'y vient jamais.

PINTO.

Oui, sans doute, exprès pour vous voir.

Mme DOLMAR.

Bien trouvé ! Monsano qui me voit sans cesse, et qui ne vos inquiète point.

PINTO, *furieux*.

Eh ! oui ! c'est cela, cela même ! c'est Monsano ! Je sais, Madame, où vous en êtes ; mon amour est trahi, ma confiance jouée, mes droits sont outragés...

Mme DOLMAR.

Quel est ce transport ! si la cervelle ne vous a pas tourné...

PINTO.

Déclarez-moi ce qui s'est passé.

Mme DOLMAR.

Quel emportement !

PINTO.

Puisque vous me trompez sur ce que je sais, brouillons-nous pour la vie.

E 4

Mme D O L M A R.

Eh bien ! je vous avoue...

P I N T O, *effrayé.*

Eh ! quoi donc ?

Mme D O L M A R.

Mon seul tort est de vous avoir caché, que j'ai reçu autrefois
des lettres fort tendres de Monsano.

P I N T O.

Des lettres !... Mais je sais, je sais encore...

Mme D O L M A R.

Rien de plus, en vérité.

P I N T O.

Recevoir des lettres !.. c'est un crime que rien... O perfidies !
ô femme ingrate... Je n'ose en ce lieu m'expliquer... mais si
un respect pour vos sermens, si la pitié que je mérite... Ah !
je veux vous parler... tout éclaircir... De grâce, vous connaissez
le pavillon du Parc... La Duchesse m'attend... J'irai vous y
joindre ; je vous conduirai moi-même chez vous après notre
explication, en vous ouvrant la grille des avenues.

Mme D O L M A R.

Vous êtes fou, je crois.

P I N T O.

Allez, Madame, et puissiez-vous encore vous justifier à mes
yeux !

Mme D O L M A R.

Je ne puis ainsi à l'heure qu'il est...

P I N T O, *se frappant le front.*

Craignez ma jalousie au désespoir.

Mme D O L M A R,

Si l'on me rencontrait !...

P I N T O.

Personne,

Mme DOLMAR.

Je me perds si l'on me voit. . . .

PINTO.

Vous me perdez si vous me résistez.

Mme DOLMAR.

Point d'éclats!... je vous cède, j'obéis... Mais, Monsieur...

PINTO. (*Il la pousse dehors.*)

Allez, Madame, ou craignez. . . .

SCÈNE V.

PINTO, *seul.*

FERMONS la double porte, et qu'elle attende! jamais querelle ne fut plus utile... Entrez maintenant, Monseigneur.

SCÈNE VI.

LE DUC, PINTO.

LE DUC, *déguisé en simple valet.*

CONTRE qui querelliez-vous si fort?

PINTO.

Contre cette folle dame Dolmar, qui s'est introduite ici malgré la consigne, en s'ingérant de me nommer. O Monseigneur! si elle vous eût vu sous ce déguisement après minuit, il y avait assez pour nous faire découvrir : quelle imprudence!

LE DUC.

Je vous ai dit mon projet.

PINTO.

Extravagance pure !

LE DUC.

Un batelier m'a conduit dans une méchante nacelle ; c'est un homme sûr.

PINTO.

Vous jouez notre vie et la vôtre , comme si elles vous appartenaient.

LE DUC.

Et nos affaires ?

PINTO.

Tout marche ; d'ici à huit ou neuf heures, c'en est fait des Espagnols ou de nous.

LE DUC.

As-tu disposé ? . ...

PINTO.

Tout ; mais encore une faute pareille à celle-ci , je ne réponds de rien. Voici Madame ; je vais dans la chambre voisine régler les instructions nécessaires à nos fidèles , et je reviens vous les lire.

LA DUCHESSE, *en entrant.*

Ah ! Monsieur , comment osez-vous paraître ici ?

PINTO, *s'en allant.*

Pour être auprès de vous , tendresse conjugale !... (*A part.*) Quelle faiblesse !

SCÈNE VII.

LE DUC, LA DUCHESSE.

LE DUC.

Oui, pour ne vous point quitter, ma chère ; et ce que j'ai caché à Pinto, pour vous emmener hors de cette ville.

LA DUCHESSE.

Y pensez-vous ?

LE DUC.

J'y ai mûrement réfléchi. Vous allez me suivre, vous et ma

fille Flora, ma pauvre enfant, que j'ai frémi d'abandonner, ainsi que.vous, à tant de périls.

LA DUCHESSE.

Vous les redoublez en nous éloignant. Qui sait si vous n'êtes pas déja surveillé ; si ces mouvemens nocturnes échappent à la vigilance des rondes Espagnoles ? On vous a reconnu peut-être....

LE DUC.

Qui voulez-vous qui me connaisse là-dessous ?

LA DUCHESSE.

Votre déguisement convaincrait tous les doutes, si l'on nous arrêtait en chemin.

LE DUC.

Nul risque. Une barque nous attend sur la rive du Tage ; elle nous transportera ensemble au château d'Almada. Venez, venez, le ciel est pluvieux, sombre.... personne ne nous verra.

LA DUCHESSE.

Restez vous-même avec nous, puisque vous êtes enfin en sûreté ; si la sagesse vous eût conseillé, elle vous eût retenu loin d'ici. Quelle différence entre.vos dangers et les nôtres ! Que l'on vous sache en secret dans Lisbonne, votre nom vous expose à toute la rigueur du Ministre, et révèle tous les complots formés par vos amis. Que nous arriverait-il à nous ? Je ne suis qu'une femme, votre fille un enfant ; quelque ambition que l'on vous prêtât, le châtiment n'en retomberait pas sur nos têtes.

LE DUC.

Vous ignorez la cruauté de Vasconcellos ; il voudrait effrayer, par un exemple, ceux qui seraient tentés de me prendre pour modèle.

LA DUCHESSE.

Si sa cruauté vous est connue, pourquoi la braver sans fruit, en vous exposant de la sorte ?

Le Duc.

Oui, j'étais prudent lorsque je refusai d'entrer dans toutes ces brigues, lorsque je préférai l'innocence et la paix aux perplexités cruelles où me voilà. J'étais sage alors, mais vos jours sont menacés, mais notre chûte peut écraser ma fille ; mais je ne vois, ne connais, ne respecte plus rien, entraîné par mes sollicitudes paternelles : venez, vous dis-je ; emmenons-la, sauvons-la.

La Duchesse.

Demeurez... elle ignore tout... L'indiscrétion de son âge....

Le Duc.

Toujours se taire, se cacher : ô contrainte ! avais-je raison de fuir ces lâchetés, ces tourmens ? Depuis que l'on m'a fait ambitieux, ne m'est-il plus permis d'être époux et père ?

La Duchesse.

Eh ! me croyez-vous moins agitée des sentimens qui vous combattent ? Homme injuste ! avez-vous eu ses regards à soutenir, vos larmes à lui cacher, sa tendresse à tromper ? Cette fille que vous voulez précipiter dans l'abîme par une folle précaution, elle est aussi la mienne ; mes soins l'ont élevée, embellie, elle est ma richesse. Vous osez me reprocher mon ambition ! qui recueillera le fruit de mes peines, si ce n'est elle et vous, vous qui blessez un cœur rongé d'inquiétudes ? Quoi ! lorsqu'une faible femme les dissimule, que ses affections sont vaincues, ses craintes surmontées, qu'elle brave pour vous les fers, l'exil, les supplices, le Duc de Bragance la méconnaît et l'injurie !.... Ah ! je m'apperçois, Monsieur, que je n'étais pas assez forte pour tant d'assauts répétés ; oui, j'y succombe.... Aurais-je en effet pu m'attendre que celui dont le courage me devait applaudir, serait le premier à m'accabler de son courroux ?

Le Duc.

Cessez de vous en plaindre .... il vous prouve à quel point mon amour est alarmé... Laissez-moi seulement voir ma fille.

La Duchesse.

Non, non, vous ne la verrez pas. Vos discours, votre aspect l'épouvanteraient... Encore une fois, vous ne la verrez pas.

Le Duc.

Je la verrai, Madame, je la verrai.

La Duchesse.

Calmez cette fureur.

Le Duc.

Dormez sur le volcan, si cela vous plaît, je ne veux pas qu'il la dévore.

La Duchesse.

Monsieur, Monsieur, disposez de moi, de ma fille, et si votre aveuglement nous perd, ne vous en prenez qu'à vous même.

Le Duc.

Préparez-la, et cachez lui l'objet de cette fuite.

La Duchesse.

Elle doit être couchée et je vais la réveiller. (*A part.*) Allons consulter Pinto.

SCENE VIII.

LE DUC, *seul.*

Plus j'y songe, plus la retraite me paraît sage. Que nous soyons surpris, les conjurés ne bougeront, et le premier prétexte détruira un soupçon sans preuve. Que nous atteignions l'autre bord, si le complot réussit, le retour est sûr et prompt; s'il manque, je dérobe ma famille aux poursuites de Vasconcellos, à la fureur de la ville. Que sais-je? favorisé aujourd'hui, demain proscrit : malheur à qui fonde sa fortune sur les capricieux mouvemens d'une multitude volage et effrénée. Pourvu que Pinto, qu'elle aura couru avertir, ne mette pas obstacle... Qu'est-ce que j'entends?

SCÈNE IX.

LE DUC, LOPEZ OZORIO.

Lopez, entrant par une fenêtre qu'il ouvre.
M'y voilà.

LE DUC.

Qui es-tu ?

LOPEZ.

Pas le mot, ou tu es mort.

LE DUC.

Je ne te crains pas.

LOPEZ.

Qui es-tu ?

LE DUC, *vivement.*

Tu ne me connais point ?

LOPEZ.

Dis-moi qui tu es ?

LE DUC.

Un des gens de madame de Bragance.

LOPEZ.

Silence ou je te tue.

LE DUC.

Je ne vous crains pas , vous dis-je.

LOPEZ.

Prends cet or , et sers moi.

LE DUC.

Je n'ai que faire de votre or.

LOPEZ.

Inaccessible à la crainte et à l'intérêt, quel homme est-ce là ?

L e D u c.

Expliquez-vous ?... Qui vous amène ainsi la nuit chez la Duchesse ?

L o p e z.

Tu connais les routes de la maison ?... Conduis-moi.

L e D u c.

Que je sache au moins vos intentions ; vous pourriez avoir tel projet...

L o p e z.

Me prends-tu pour un brigand ?

L e D u c.

Cela y ressemble... Grimper aux murs, aux fenêtres !...

L o p e z.

Calme-toi, une femme de sa maison, gagnée à force d'argent, avait attaché une échelle à cette croisée, n'osant m'ouvrir la porte que, par l'absence des anciens serviteurs, gardent aujourd'hui des personnes à qui elle n'a pu se confier.

L e D u c.

Et vous pénétrez audacieusement chez une femme !...

L o p e z.

Qui m'aime. Le grand mal !

L e D u c.

Elle vous aime ?

L o p e z.

J'ai du moins lieu de le croire. Prends cette bourse ; tiens, tiens.

L e D u c.

Qui êtes-vous donc, pour être si prodigue ?

L o p e z.

Lopez Ozorio, Amiral des flottes Espagnoles.

 PINTO,

L e D u c.

Celui qui vient s'assurer de M. de Bragance ?

L o p e z.

Lui-même. Conduis-moi.

L e D u c, *à part.*

Aux enfers ! et voici qui va me payer tes outrages. (*Il met la main à son épée.*)

L o p e z.

Est-ce par cette porte qu'on entre chez la Duchesse ?

SCÈNE X.

LE DUC , LOPEZ OZORIO , LA DUCHESSE.

L a D u c h e s s e, *au Duc.*

J'ai peur qu'on ne vous surprenne ; mon ami , croyez-moi....

L o p e z.

Son ami !

L a D u c h e s s e.

Un homme !

L e D u c, *furieux , à la Duchesse.*

Il ne me connaît pas.

L o p e z, *au Duc.*

Arrêtez ! vous ne sortirez point.

L a D u c h e s s e, *s'écriant.*

Pinto ! à moi , Pinto !

L e D u c, *mettant la main sur la garde de son épée.*
Tu veux périr... Avance.

SCENE XI.

LE DUC, LA DUCHESSE, LOPEZ OZORIO, PINTO.

PINTO, *se jetant l'épée à la main au devant du Duc.*

Qu'est-ce , Madame? dom Lopez chez vous! (*Au Duc.*)
Sortez , sortez.

LA DUCHESSE, *à Pinto.*

Il ne le connaît pas.

LE DUC.

Audacieux !... Mon épée va punir...

LA DUCHESSE.

(*Au Duc.*) Pinto vous dira tout. (*A Lopez.*) O ciel! écoutez-moi...

LOPEZ.

Que peut entendre un homme amoureux et jaloux, qui ne
l'outrage encore ?

PINTO, *à part.*

Amoureux ! je tiens le fil. (*A la Duchesse.*) Retenez
l'Amiral.

LE DUC.

Mais cet homme ?...

PINTO.

Votre femme , votre fille , que l'échafaud menace.

LA DUCHESSE, *à Lopez.*

Monsieur , je vous supplie.

LE DUC.

Laissez-moi...

PINTO.

Point de fausse bravoure... Venez , ne vous perdez pas. (*Il
entraîne le Duc et sort.*

F

SCÈNE XII.

LA DUCHESSE, LOPEZ OZORIO.

LOPEZ.

DEVAIS-JE m'attendre à trouver un homme chez vous à pareille heure ?

LA DUCHESSE.

Eh ! qui vous y a introduit vous-même ? Qui vous a inspiré cette audace, de violer mon asyle ?

LOPEZ.

Si le hasard ne m'apprenait à juger mes torts, Madame, je me croirais plus coupable.

LA DUCHESSE.

Vos outrages ne m'empêcheront point de réitérer ma question.

LOPEZ.

Et j'y répondrai si vous daignez m'avouer quel est cet homme.

LA DUCHESSE.

Quel il est, Monsieur ? De quel droit m'interrogez-vous ? Qui m'a mise en votre dépendance ?

LOPEZ.

La rencontre que j'ai faite ici.

LA DUCHESSE.

Comment avez-vous pénétré le secret de ma demeure ?

LOPEZ.

Par cette fenêtre. Il ne m'importe plus de vous le cacher. Les perfides espérances que j'ai reçues de votre bouche, ne me laissent que la honte d'une témérité dont je rougis.

LA DUCHESSE.

Puis-je le croire? Sur la foi d'un entretien frivole, vous osez, chez moi...

L o p e z.

Après des engagemens avec moi de regards et de paroles ,
vous recevez un autre...

L a D u c h e s s e.

Ma réputation est assez établie pour me défendre de vos injurieux discours.

L o p e z.

De pareilles surprises la rendraient plus brillante, Madame.
Mais quel était le mortel si heureux , si déguisé... Il y
avait bien du mystère... Fixez , je vous prie , l'incertitude de
mes conjectures... Ne m'obligez pas à courir consulter mes amis
sur ce que j'en dois penser.

L a D u c h e s s e, *à part.*

O ciel !... (*Haut.*) Vous auriez l'horreur de répandre...

L o p e z.

Dites-moi si cet homme que j'ai vu est un de mes rivaux ; ce
qu'il est ; ou moi, je puis sans crime dire par-tout ce que
j'imagine.

L a D u c h e s s e, *à part.*

S'il allait faire découvrir !... (*Haut.*) Ah ! Monsieur, quelle
que soit votre coupable conduite , les apparences qui m'accusent, me ravissent le droit de m'en plaindre. Ne vous étonnez
pas de ma confusion. Ecoutez - moi ; j'aime à vous croire
honnête.

L o p e z.

Eh bien !

L a D u c h e s s e.

C'est à un brave et loyal Espagnol que je me confie, incapable , je pense , de trahir mon secret.

L o p e z.

Achevez.

L a D u c h e s s e.

Une autre que moi s'efforcerait à dissimuler encore , et je

vous dirai naïvement la vérité ; mais que cette marque d'estir enchaîne votre silence.

L o p e z.

Parlez sans crainte.

L a D u c h e s s e.

Cet homme-là est un homme... que je chéris... Les nœuds qui nous unissent...

L o p e z.

Déclarez sans détour qu'il fut pour vous...

L a D u c h e s s e.

Hélas ! comme un amant ; et depuis des années entières nous vivons dans la plus grande intimité Cet aveu même ne me coûte point à vous faire , puisqu'il vous explique la frayeur que m'a causée votre présence.

L o p e z.

Comment se nomme-t-il , Madame ?

L a D u c h e s s e.

Ne redoublez pas mon embarras... Vous m'aimez ; il serait affreux de l'exposer à votre jalousie.

L o p e z.

Je dois être l'objet de la sienne. Je lui ai tout dit , le prenant pour un de vos valets.

L a D u c h e s s e.

Quoi donc ? Qu'aviez-vous à dire ?

L o p e z.

Que vous m'aimiez...

L a D u c h e s s e, *effrayée*.

Ah ciel !... C'est à lui que vous avez tenu ce langage ? Qui vous a fait croire que je vous aime ? Est-ce moi , Monsieur, qui suis indignée de vos procédés... qui ne vous aimai jamais ?

L o p e z.

Vous oubliez qu'une favorable entrevue...

L A D U C H E S S E.

Sortez.

L O P E Z.

J'obéirais à des ordres plus doux ; mais...

L A D U C H E S S E.

Entrer chez moi ! me résister... Vous êtes un malheureux.

L O P E Z, *lui prenant la main.*

Moi , Madame !

L A D U C H E S S E.

Non , vous êtes bon , honnête... Vous allez me laisser , quitter ma main. Oui , généreux Lopez.

L O P E Z.

Fort bien , me voilà devenu le généreux Lopez ! Parlez ! quelle condescendance exigez-vous du généreux Lopez ?

L A D U C H E S S E.

Qu'il se retire , qu'il sorte.

L O P E Z.

Chargé de votre haine , et par un balcon , par quelque porte dérobée... Ah ! c'est la route d'un amant favorisé.

L A D U C H E S S E.

Je vais ordonner que l'on vous ouvre.

L O P E Z.

En pleine nuit, ce serait vous perdre...

L A D U C H E S S E.

Monsieur, ne m'accablez pas ; respectez...

L O P E Z.

Les droits d'un rival.

L A D U C H E S S E, *à part.*

Que devenir ? A quelle honte mes périls et mon ambition me condamnent !

LOPEZ.

Cessez d'être inexorable, et je vous paie mon bonheur d'un service que vous n'acheterez jamais trop cher. La destinée de votre époux est dans mes mains.

LA DUCHESSE.

Au nom du ciel... parlez.

LOPEZ.

Je deviens coupable si je vous instruis.

LA DUCHESSE.

Eclaircissez un pareil mystère...

LOPEZ, *se jetant à ses genoux.*

Ah ! femme adorée ! sauvez un époux des malheurs qui l'attendent.

SCÈNE XV.

LA DUCHESSE, LOPEZ OZORIO, PINTO, FRANCISQUE.

PINTO.

Un ordre de la Vice-reine.

FRANCISQUE.

De reconduire M. l'Amiral à son domicile.

LOPEZ.

Moi ! et sur quel soupçon ?...

FRANCISQUE.

Votre présence chez madame la Duchesse.

LOPEZ.

Allez dire, Monsieur, à la Vice-reine...

FRANCISQUE, *lui montrant un ordre.*

L'ordre est signé par elle de vous tenir chez vous jusqu'à

l'heure où le secrétaire pourra vous parler. Mes gens sont en bas qui attendent.

L O P E Z.

J'aurai raison d'une telle offense ; je vous suis. (*A Mme de Bragance.*) Vous voyez ce que me coûte un aveugle amour, Madame ; cet éclat, chez vous, au milieu de la nuit, l'heure à laquelle on me surprend à vos pieds, sont autant de scandales que vous ne me pardonnerez jamais, et j'en serais trop puni s'ils m'attiraient votre haine. Adieu, Madame.

SCÈNE XVI.

LA DUCHESSE, PINTO.

L A D U C H E S S E.

D'ou vient ce coup d'autorité ?

P I N T O.

De moi. Les espions, gagés par la Vice-reine, l'avaient informée que votre époux, sorti de son château, se rendait peut-être de nuit à Lisbonne. Là-dessus, soupçons, terreur. Vasconcellos était absent ; dès-lors conseil tenu chez la Vice-reine ; puis un ordre que sa garde venait exécuter en son nom.

L A D U C H E S S E.

Dieu !

P I N T O.

Le mandat portait de s'emparer de l'homme introduit en secret dans votre maison, fût-ce le Duc lui-même. On veut d'abord m'effrayer ; on me demande sa personne ; je vois du doute, le ciel m'éclaire, et je livre l'Amiral à sa place. L'échelle à cette fenêtre, et sa présence chez vous ont servi de preuve contre lui et trompé la surveillance. L'orage est passé.

L A D U C H E S S E.

Oh! vous êtes notre sauveur... que je souffrais d'être seule avec cet homme !

F 4

P I N T O.

Je cours chercher le Duc. Remettez-vous, Madame, de votre saisissement.

S C È N E   X V I I.

L A   D U C H E S S E   *s'assied.*

Quel homme que ce Pinto ! courageux, subtil, hardi, infatigable, l'œil à tout, ce sang-froid qui calcule, cet emportement qui renverse ; mais que dois-je redouter pour le Duc ? Ces derniers mots de l'Amiral m'ont glacée...

S C È N E   X V I I I.

LE DUC, LA DUCHESSE, FLORA, PINTO, *lisant des papiers.*

F L O R A.

Est-il vrai, Madame, que mon père, contraint à se déguiser pour éviter la poursuite de ses ennemis, veuille fuir Lisbonne, et qu'il nous emmène ?

L E   D U C.

Oui, nous partons.

P I N T O.

Rien de plus fou que ce projet ; Madame a raison d'y mettre obstacle.　(*Il continue à lire.*)

L E   D U C.

Pinto, en m'entraînant chez ma fille, a rassuré en quatre mots mes soupçons sur votre conduite ; tout ce désordre n'est pas moins le fruit de vos dangereux projets.

L A   D U C H E S S E.

J'ai flatté cet homme d'après l'avis de Pinto, pour vos seuls intérêts. Son audace a fait le reste. N'usons pas un temps

précieux en vaines justifications. Partons, partons, ma fille.
(*Flora, pendant cet entretien, range et marche dans la chambre.*)

P I N T O.

Quoi ! Monseigneur ! résolu à quitter la partie ?

L e D u c.

Ou à la perdre.

P I N T O.

Vous aussi, Madame ?

L a D u c h e s s e.

L'Amiral a laissé échapper des mots fort clairs... le Duc est
en danger... Je ne prends plus rien sur moi.

F L O R A.

Mon père, si vous êtes menacé... ne nous quittez pas.

L e D u c.

Non, mon enfant, non, je t'emmène avec moi.

P I N T O.

Monseigneur, ces trajets continuels... Gare à vous ; mais
vous le voulez, le temps est cher, et il est plus court de réparer
vos imprudences, que de vous en convaincre.

L a D u c h e s s e.

Viens, ma Flora ; veillez à nos amis, Pinto. On a des desseins
contre le Duc... je suivrai ses pas, son sort, ses volontés...
Je suis femme, je suis mère... mon devoir le plus sacré est de
n'abandonner ni mon époux, ni ma fille. Cette ville... Ah ! je
frémis, peut-être la quittons-nous pour toujours... O mon dieu !..
c'est sur votre zèle, Pinto, c'est sur vous seul que reposent
ma confiance, notre espoir, ma vie, et le salut de toute ma
famille. Adieu !

L e D u c.

Adieu. Je puis te livrer ma vie ; mais je dois sauver et ma
femme et ma fille.

PINTO.

Mon valet muet vous suivra jusqu'au rivage. Qu'il vous embarque et revienne; qu'on ne dise point à la porte que vous êtes sortie.

SCÈNE XIX.

PINTO, *seul.*

JAMAIS on ne fut plus fait pour la vie privée. Bon père, bon seigneur, mais conspirateur... détestable. Mille qualités... communes; des vues, de l'esprit... feu de paille, qui brille sans chaleur; un courage... ce qu'il en faut pour l'honneur et pour se défendre, mais pas assez pour la gloire, ni pour attaquer. Ah ! s'il mène seulement sa barque à l'autre bord, je mènerai la mienne... Nous sommes en pleine eau... Hé ! hé ! le vent est à la tempête... nos amis sont bons rameurs, et destinés... aux galères peut-être... Fi, Pinto ! quelle noire idée !.. en cet instant... je ne sais... mon imagination assaillie d'une foule de visions hideuses... Oh ! avant que sur moi... je me déchirerais les entrailles de mes propres mains. Relisons ces notes... Heim ! heim ! heim ! le ministre... les avenues du palais... saisir les portes... Heim ! heim ! heim ! vive les Portugais, à bas Philippe !.. Oui, signaux déployés... paix aux bourgeois... justice et bonheur au peuple... là, est le point d'union générale... Bien ! bien ! très-bien ! est-ce tout ? et ma liste ? qu'ai-je fait de ma liste ?.. Ah !.. frippons fieffés, vous nous rendrez compte. On vous apprendra, mes chers Castillans, à vous gorger d'or et de puissance aux dépens des Portugais ? Qu'êtes-vous? Des fondés de pouvoirs qui mangez notre bien. La procuration une fois annullée, la maison va... Il n'est pas temps de joindre nos braves... à quatre heures chez le Prélat de Lisbonne... à sept heures et quart chez moi... Exactitude, mémoire, régularité dans nos mouvemens. La moindre variation dérange la ligne tracée, et enverrait tout au diable... mon

manteau et battons les chemins... Hou ou ! pauvre imbécille !
et la dame du pavillon ; qu'en fais-tu? Délogeons-la... Patience!
informons-nous si le Duc... Piétro ! Piétro !

SCÈNE XX.

PINTO, PIETRO.

PINTO.

Le Duc est-il embarqué ?

PIÉTRO, *faisant signe durant toute la scène.*

Hem !

PINTO.

Ni soldats, ni curieux sur la route ?

(*Piétro fait un signe.*)

PINTO.

Point de bateliers sur le port, ni de barque au loin.

PIÉTRO.

Hom!

PINTO.

Tes camarades sont-ils en bas avec toi ?.. Oui, avez-vous
pris des armes ?.. Oui. Ne vois-tu personne rôder autour
de cette demeure ? Non. La garde venue pour arrêter l'Amiral,
semblait-elle avoir quelque soupçon?..

PIÉTRO, *vivement.*

Hou ou om !

PINTO.

Je compte toujours sur toi. Du zèle et du courage : ta fortune
est faite.

PIÉTRO, *avec humeur.*

Hé !

PINTO, *lui prenant la main.*

Compte sur l'amitié de ton maître.

PIÉTRO, avec affection.

Ah !

PINTO.

Tu n'as pas peur ?

PIÉTRO, touchant sa poitrine.

Hom !

PINTO.

Nous sommes camarades aujourd'hui. Vive les muets! ils agissent, font des réponses courtes et sont discrets. Çà, va-t-en sans délai...

SCÈNE XXI.

PINTO, PIETRO, FRANCISQUE, UN VALET.

LE VALET.

De la part de la Vice-reine.

FRANCISQUE.

La Vice-reine demande si madame de Bragance peut se transporter chez elle aussitôt.

PINTO, balbutiant.

La Duchesse... C'est, c'est la Vice-reine qui la demande.

FRANCISQUE.

Oui, elle-même. Qui vous étonne?

PINTO.

Rien... moi... C'est la Duchesse qui est... couchée... Elle m'a fait appeler toute saisie... un peu saisie de l'arrestation de l'Amiral chez elle ; maintenant elle repose. Retournez, Monsieur, chez la Vice-reine, et envoyez-moi dire s'il faut l'éveiller et la faire lever pour qu'elle se rende à ses ordres.

FRANCISQUE.

Très-volontiers.

PINTO, au valet.

Eclairez, éclairez Monsieur.

SCÈNE XXII.

PINTO, PIETRO.

PINTO.

MASSACRE ! malédiction ! Eh bien ! eh bien ! monsieur le Duc, je l'ai craint, je l'ai dit.... un coup de votre tête, une frêle circonstance... nous sommes ruinés, noyés, égorgés.... Et toi, toi planté comme une perche, que dis-tu ? Parle, parle.

PIÉTRO, *le repoussant.*

Héée...

PINTO.

Oh ! le chien d'homme ! l'enragé Duc de Bragance ! Piétro ! mon ami !... va, vole... attends... la trame est rompue... Dieu !... cette folie... Cours au pavillon du parc... Moi, impossible ; il me faut garder la place de peur de nouvelle surprise... (*Il écrit un mot au crayon.*) Cours donc au pavillon.... il y a une femme... Tu entends ! une femme.

PIETRO.

Hom !

PINTO.

Madame Dolmar... tu sais ? porte-lui ce papier... Amène, amène-la ; pars et reviens comme le vent.

SCÈNE XXIII.

PINTO, *seul.*

ANGES du ciel ! oh ! que j'en réchappe !... Oui, oui, l'on ne meurt pas d'une agonie... Cette femme... Eh bien ! quitte à lui déclarer... elle m'aime, elle est officieuse, bonne, elle me secondera... Non, cachons-lui plutôt... oh ! tout ; qu'elle serve ma ruse et qu'elle ignore tout. Fruit de la nécessité, ma confidence tardive lui faisant outrage , serait trahie... Dès-lors plus de remède... dirigeons mieux l'artifice... Bon! en cas de malheur, je ne fais qu'un saut d'ici à la rivière.

SCENE XXIV.

PINTO, M.me DOLMAR.

(Pinto fait signe au muet de se retirer.)

PINTO.

Chère amie! chère et tendre amie !

M.me DOLMAR.

Chère amie! eh ! qui a fait évaporer sa colère ?

PINTO.

Millions de fois à vos pieds, le pauvre Pinto, confus, humilié, au désespoir.

M.me DOLMAR.

Me laisser morfondre seule , durant une mortelle heure.

PINTO.

Obstacles sur obstacles m'ont arrêté... C'est vous , c'est vous, chère belle, que j'implore, vous qui m'allez sauver la vie.

M.me DOLMAR.

Quel changement!... Dites-moi, Pinto, ce que vous avez... ces gestes , cet œil hagard... votre pâleur...

PINTO.

M'aimez-vous?

M.me DOLMAR.

Non, vous êtes trop méchant.

PINTO.

Répondez net ; m'aimez-vous ?

M.me DOLMAR.

C'est m'interroger d'un ton à m'en guérir.

P I N T O.

Si je vous suis cher , prouvez-le moi.

Mme D O L M A R.

Bon !

P I N T O.

Vous me résistez ?

Mme D O L M A R.

Eh ! mon dieu, non, car vous me faites peur.

P I N T O.

Cédez à mes sollicitatious... et passez, je vous prie, un seul instant pour la Duchesse de Bragance.

Mme D O L M A R.

Qu'est-ce qu'il dit ?

P I N T O.

Passez pour la Duchesse de Bragance.

Mme D O L M A R.

Moi , pour la Duchesse ?

P I N T O.

Oui, oui, oui ; apprenez mes craintes, ses fautes, le piège où elle est tombée , et l'expédient que je trouve. A l'heure que je parle, elle est absente.

Mme D O L M A R.

La nuit !

P I N T O.

Sortie avec un homme qui l'a entraînée , perdue. Folle tête ! où est-elle à présent ? que devient-elle ? que fait-elle ?

Mme D O L M A R, *follement.*

Elle !... bon !... risible inquiétude ! Ah ! ah ! Pinto... et ces grands airs si froids , si fiers.... les voilà bien toutes....

P I N T O.

Riez , riez, la Vice-reine qui l'a fait demander !

Mme D O L M A R.

Bah ! vrai?... la Vice-reine.... Ah! ah! ah! rien n'y manque.

P I N T O.

Morbleu! veuillez m'entendre, ou je...

Mme D O L M A R.

La sage personne qui trotte mystérieusement dans l'ombre... Et ces beaux sermons d'honneur, de vertu !...

P I N T O.

Ayez pitié de moi, je...

Mme D O L M A R.

Ah! la Lucrèce !

P I N T O, *en colère.*

Maudites femmes ! est-ce donc un sujet de joie que la chûte de vos pareilles? La honte de l'une ne sera pourtant jamais la gloire de l'autre. Impitoyable rieuse, tirez-moi de la gêne où je suis.

Mme D O L M A R.

Vous ! et laquelle ?

P I N T O.

Chargé par elle en son absence...

Mme D O L M A R.

De quoi?

P I N T O.

De garder le logis...

Mme D O L M A R.

Joli emploi, vraiment ! secrétaire de ses plaisirs...

P I N T O.

Trève ! trève ! sauvez ma pauvre Duchesse...

Mme D O L M A R.

Que je serve aussi le mystère de ses amours !

P I N T O.

PINTO.

J'en connais mille qui ne se font aucun scrupule...

Mme DOLMAR.

Pour leur compte ?

PINTO.

On va venir, soyez prête ; allez , allez vous disposer dans la chambre voisine.

Mme DOLMAR.

Est-ce qu'on s'y tromperait? lui ressemblé-je?

PINTO.

Soyez malade , affaiblie ; dites à celui qui viendra, que le saisissement causé par l'arrestation de l'Amiral dom Lopez, chez vous...

Mme DOLMAR.

Comment ? contez-moi... l'Amiral dom Lopez...

PINTO, *impatienté.*

Arrêté , arrêté ici tout-à-l'heure, qu'importe ! allez, cou* chez-vous...

Mme DOLMAR.

Que je me couche !

PINTO.

Oui , dans son lit.

Mme DOLMAR.

Dans son lit !

PINTO.

Comme vous êtes , toute habillée. Otez ces rubans , ces épingles.

Mme. DOLMAR.

Mais, Pinto, qu'est-ce que vous faites ?

PINTO.

La camariste. J'ai servi quelques femmes dans l'occasion, je suis au fait ; sur-tout, sur-tout, n'allez pas rire, il y va de ma

G

vie ; répondez bien et brièvement : des mots , je ne puis... je
souffre... mes excuses à la Vice-reine... Puis la voix éteinte ,
les rideaux fermés , blottie sous l'oreiller , plaignez , geignez ,
soupirez. . .

M.me DOLMAR, *follement.*

Ah! c'est charmant !

SCÈNE XXV.

M.me DOLMAR, PINTO, PIÉTRO.

PIÉTRO.

Hem !

PINTO.

On vient ; vîte , courez vîte.

M.me DOLMAR.

Mais. . .

PINTO.

Point de mais.

M.me DOLMAR.

Si pourtant. . .

PINTO.

Point de si. . .

M.me DOLMAR.

Il. . .

PINTO.

Rien. Hâtez-vous, jetez-vous, ou je suis perdu. (*A Piétro.*)
Toi , suis-la..

SCENE XXVI.

PINTO, FRANCISQUE; *deux valets
portent des flambeaux.*

PINTO.

Ah! c'est vous, Monsieur, quelle réponse ?

FRANCISQUE.

Que si la Duchesse est hors d'état de se transporter, elle se

rende demain diligemment chez la Vice-reine ; son Altesse
desire sa présence à l'interrogatoire de l'Amiral.

PINTO.

Je vais lui porter ce nouvel ordre.

FRANCISQUE.

Monsieur, je suis chargé de la voir moi-même, et de lui
parler seul.

PINTO.

Vous la trouverez au lit fort incommodée. (*Piétro rentre.*)
Conduisez dom Francisque chez madame de Bragance. A quoi
bon ces deux flambeaux? pour lui crever les yeux.

SCENE XXVII.

PINTO, PIETRO.

PINTO.

ELLE est dans le lit?... Bon ! la lampe un peu écartée?...
Bien. As-tu croisé les rideaux?... Très-bien. Ventrebleu ! s'il
découvrait...Je frissonne... Que disent-ils? Oh! la babillarde...
Le voici! je respire.

SCÈNE XXVIII.

PINTO, PIÉTRO, FRANCISQUE.

FRANCISQUE.

CETTE pauvre Dame à la voix bien altérée.

PINTO, *déconcerté.*

Elle est si faible !

FRANCISQUE.

Je vais rendre compte de son état à la Vice-reine.

PINTO.

Dites à la Vice-reine qu'elle aura de nos nouvelles de bon
matin.

FRANCISQUE.

Je le lui dirai. (*Piétro le reconduit.*)

SCÈNE XXIX.

PINTO, *seul.*

Oui , de par les mille diables , elle en aura de nos nouvelles... Rassemblons nos gens et recordons-nous... Madame ,
on est parti. Venez, Madame.

SCÈNE XXX.

PINTO, M.me DOLMAR.

PINTO.

Mon sauveur ! ma libératrice ! mille ans de constance ne
m'acquitteraient pas...

M.me DOLMAR, *riant et contrefaisant la malade.*

Ah ! ah ! ah !... Je n'en puis plus... Une migraine affreuse...
mes nerfs... Ah ! ah !

PINTO.

A merveille ! à merveille !

M.me DOLMAR.

Et tandis que je souffrais pour elle , moi, votre précieuse
Dame souffre...

PINTO.

Ce que je voudrais obtenir de celle qui l'imitait.

M.me DOLMAR.

Que je sorte enfin d'ici , et que je vous échappe , car je ne
sais où vous pourriez me conduire.

PINTO, *avec un respect empressé.*

Chez vous, Madame, chez vous. Prenez mon bras et sortons.

Fin du troisième Acte.

ACTE IV.

*Le Théâtre représente l'appartement de Pinto ,
à Lisbonne.*

SCÈNE PREMIÈRE.
ALVARE, *seul.*

Que me veut Almada ?... A quel sujet cet entretien qu'il me demande chez Pinto ? « Qu'Alvare me parle , a-t-il dit aux gens de la porte , sitôt qu'il reviendra se coucher. » Est-ce que je me couche , moi ? Les plaisirs m'accablent d'affaires. Ouf ! Reposons-nous. Un jeu d'enfer... me voilà réduit à ma dernière piastre... Oh ! les escrocs, avec leur mine hâve... C'était un pillage. Quel métier que le jeu ! un vol dont on n'obtient justice qu'en se la faisant soi-même.

SCÈNE II.
ALMADA, ALVARE.

ALMADA.

Tu n'es point rentré cette nuit , Alvare ?

ALVARE.

Non. Que ne m'as-tu indiqué ce rendez-vous chez toi ?

ALMADA.

Il me fallait parler aussi à Pinto ; et comme vous logez tous deux dans cet hôtel...

G 3

ALVARE.

Que me voulais-tu ?

ALMADA.

Te prouver mon amitié en réclamant une preuve de la tienne. Si je te cachais la circonstance difficile où je me trouve, tu ne me le pardonnerais de la vie.

ALVARE.

N'en doute pas ; les vrais amis ne sont jaloux que de la confiance. Tout doit être commun entr'eux, les plaisirs, les peines et les périls.

ALMADA.

Les périls, dis-tu ?

ALVARE.

Et que sera l'attachement d'un homme arrêté par la crainte, qui, s'il le faut, ne se jettera pas tout vif à travers mille morts ?

ALMADA.

Un tel homme n'appartient qu'à l'amour de vivre ; il abandonne, sitôt qu'ils sont menacés, les amis, la femme ou la maîtresse qu'il n'ose défendre ; et ne combattant qu'entre la honte et la lâcheté, se laisse enfin vaincre par la dernière. Point de sentimens fidèles dans les cœurs lâches.

ALVARE.

Compte à jamais sur les miens.

ALMADA.

Es-tu prêt à me suivre dans une affaire sanglante qui se vide ce matin ?

ALVARE.

Une querelle ?

ALMADA.

Oui.

ALVARE.

Et avec qui ?

ALMADA.

Je ne te puis nommer encore mon ennemi.

ALVARE.

Pourquoi ?

ALMADA.

C'est un homme méprisé, haï, détesté de tout Lsibonne.

ALVARE.

Quel est le sujet de votre dispute ?

ALMADA.

Un entretien sur le ministre Espagnol ; je le trouve injuste, cruel ; il le défend en partisan effréné : je me courrouce, et bref il faut se battre.

ALVARE.

C'est fort bien fait, mon ami ; la cause de ta colère est légitime, et la même indignation me transportait ce matin contre ces orgueilleux Castillans.

ALMADA.

Toi ?

ALVARE.

Ma bile était allumée à tel point, qu'elle se répandait en présence du Duc de Bragance.

ALMADA.

J'aime à te voir agité de cette noble fureur pour l'affranchissement de ton pays ; elle me convainc que les sociétés frivoles où tu vis, n'ont pas étouffé les germes de ta vertu, que le sceau d'opprobre qu'imprime à tant de Portugais, la tyrannie de Philippe, n'a point flétri ton ame encore pure ; en un mot, que tu sais être et penser.

ALVARE.

Si l'on me le semblait ; mais on n'a pas de nerf...

G 4

ALMADA.

Ce n'est pas la fermeté qui manque, les ressources peut-
être.

ALVARE.

Bah ! l'audace en fournit et multiplie les expédiens.

ALMADA.

Les sages esprits sont convaincus que la seule prudence...

ALVARE.

Bah ! la prudence perd tout.

ALMADA.

Les Espagnols ont des forces contre lesquelles échoueraient
nos téméraires attaques.

ALVARE.

Ah ! que jamais on ourdisse une grande conspiration, je
quitte les plaisirs, les maîtresses, le monde, j'entre dans le
complot et signale ce que je suis ; mais on est si faible...

ALMADA.

Pas tant que tu le crois. Il reste encore des cœurs révoltés
contre l'injustice ; pleins de ces vertus dont l'inquiète et mâle
vigueur ne se soumet qu'au frein des loix, et s'irrite sous la
main des hommes.

ALVARE.

Ces gens-là... qui sont-ils ? si ce n'est toi et moi.

ALMADA.

Et ceux qui ont formé le grand dessein de soulever le Portugal contre ses oppresseurs, ne sont-ils pas du nombre ?

ALVARE.

Comment ?

ALMADA.

Il existe une conspiration secrète. Je le sais, et tu n'es pas
de ceux à qui j'en fasse un mystère.

ALVARE.

Oh ! que je brûlerais d'en être, si j'en connaissais les auteurs !..

ALMADA.

Tu vois l'un des chefs.

ALVARE, *reculant.*

Toi !

ALMADA.

Moi-même.

ALVARE, *effrayé.*

Je t'en félicite... des conjurés de ton caractère... ont lieu d'attendre...

ALMADA.

Ecoute, écoute, Alvare, et achève d'entrer dans ma confidence.

ALVARE.

Non, non, Almada, non. Tous mes vœux sont pour le succès ; mais je suis si bouillant, si inconsidéré, que je dois éviter un secret de cette importance.

ALMADA.

Au point où la chose en est, ton impétuosité n'est pas à craindre. Tu es Portugais, opprimé, brave, que faut-il de plus pour te lier à notre cause ? Notre force est dans le vœu public, notre armée dans nos citoyens ; notre espoir dans nos courages.

ALVARE.

J'entends cela, j'entends ; mais si les Grands de l'État ne se déclarent pas pour vous ?..

ALMADA.

Le Duc de Bragance est notre chef.

ALVARE.

Le Duc de Bragance !

ALMADA.

Les choses ont été menées de longue main. On a tenu les assemblées chez l'Archevêque de Lisbonne. Dom Louis, son neveu, le vieil et respectable Alméïda, Mello, son frère, le grand chambellan, Mandoce, Salseigne, le capitaine Fabricio, le secrétaire Pinto à notre tête, et mille autres parmi lesquels tu mérites enfin d'être nommé ; voilà nos défenseurs. Tous brûlent d'une noble impatience ; et des mères et des femmes ont armé de leurs propres mains, leurs enfans et leurs maris engagés dans notre querelle. Cet ennemi, mon cher Alvare, ce méprisable ennemi dont je te parlais, n'est autre que Vasconcellos qui opprime, qui dévaste le Portugal ; c'est lui dont les persécutions ardentes ont attisé notre vengeance, et c'est sur lui qu'elle va tomber.

ALVARE.

Peste ! cela me paraît savamment conduit... mais je... mais j'appréhende que l'on ne résiste...

ALMADA.

On résistera, n'en doute point ; il faut s'attendre à un choc terrible.

ALVARE.

O mon dieu ! mon dieu ! n'allumez pas la guerre civile... prenez garde d'achever la ruine de votre pays, en voulant mettre fin à ses nombreuses calamités.

ALMADA.

Nous vaincrons. D'ailleurs, nous ne pouvons plus réfléchir ni reculer.

ALVARE.

C'est donc sous peu de jours...

ALMADA.

Comment des jours !... tout-à-l'heure.

ALVARE, *à part.*

O ciel !

ALMADA.

J'attends le Capitaine et d'autres camarades, et Pinto va donner le signal.

ALVARE.

Le signal !

ALMADA.

Oui, de fondre dans la place, de saisir le palais, d'assaillir Vasconcellos, et d'attaquer la citadelle.

ALVARE.

Oh ! ce sera un carnage épouvantable, et j'enrage que l'on n'ait pas mûri long-temps une si dangereuse révolte.

ALMADA.

Tu l'as dit toi-même : une lente sagesse vaut moins qu'une impétuosité réglée. Touche cette main et sois prêt à marcher.

ALVARE.

Adieu.

ALMADA.

Où vas-tu ?

ALVARE.

Chez moi... écrire un mot à ma famille... Que sait-on de la destinée ?... tu penses que l'action sera sanglante ?

ALMADA.

Chaude, mais décisive.

ALVARE.

Tant mieux !

SCENE III.

ALMADA, *seul.*

Bonne recrue ! Alvare méritait ma confidence. Tarder encore, c'était l'outrager par un doute infame... Il m'a paru tout de feu contre les Castillans... Hé ! cette chaleur-là, ce me semble, s'est un peu refroidie aux aveux que je lui ai faits... plus je me rappelle... Non, non, lui-même s'est jeté en avant... lui-même soupirait après notre délivrance... il invoquait à son aide l'audace et les complots... Aurait-il voulu me pénétrer ?..

D'où vient que mille objections timides se sont présentées à lui contre l'exécution de nos desseins... Hé ! oui, j'ai lu sur son visage des marques passagères de frayeur... il balbutiait, sa contenance embarrassée, son œil attristé, sombre... Il y a dans les troubles de l'esprit, une liaison si étroite entre la plus légère altération des traits et la plus secrète de l'ame, qu'elle trompe rarement l'œil qui l'examine... Il a eu peur, en dépit de sa valeureuse jactance... O colère !.. si j'imaginais qu'il me trahit... Hé ! le peut il ?.. Nous touchons à l'issue, un seul quart-d'heure écoulé... mon sang bouillonne... Veillons, veillons sur lui... il acheterait son salut de notre perte... Quoi !.. Qu'entends-je ?.. Un bruit dans la cour... Oui... un cheval... c'est un cheval... Ah ! le traître ! courons.

SCENE IV.

ALMADA, LE CAPITAINE FABRICIO, MELLO, MENDOCE.

MELLO, *à Almada.*

Ou vas-tu ?

ALMADA, *sortant.*

L'arrêter... le tuer... Restez-là. A moi, si j'appelle.

SCÈNE V.

LE CAPITAINE, MELLO, MENDOCE.

LE CAPITAINE.

Que diable a-t-il ?... Où court-il ?... Si ce drôle-là nous a fait quelques bévues, je lui casse la tête.

MELLO.

Arrêtez ! arrêtez, Capitaine ! point de querelles, il nous faut de la sagesse et du sang-froid.

LE CAPITAINE.

Du sang-froid!... Moi, je n'ai point de sang-froid quand je suis en colère.

MENDOCE.

Son air hagard... sa fuite... Attendez, je vous dirai ce qu'il en est...   (*Il sort.*)

SCÈNE VI.

LE CAPITAINE, MELLO.

MELLO.

L'INFERNALE chose qu'une conspiration! Il est cruel de passer une nuit entière entre la vie et la mort.

LE CAPITAINE.

Eh! c'est ainsi qu'on les passe toutes; la mort nous atteint à table, au lit comme au champ de bataille; si vîte que nous puissions la fuir, elle est toujours sur nos talons; et lorsqu'on l'affronte en face, on la fait souvent reculer. De quoi, morbleu! vous tourmentez-vous? attendons en paix l'heure d'en venir aux mains.

SCÈNE VII.

LE CAPITAINE, MELLO, MENDOCE.

MENDOCE.

RIEN, rien, une sotte confidence... Il tient son homme et veut lui parler seul ici... Entrons en attendant Pinto.

LE CAPITAINE.

Où nos armes sont-elles déposées?

MELLO.

Là-dedans; venez les prendre.

MENDOCE.

Les voici.

SCÈNE VIII.

ALMADA, ALVARE.

ALMADA, *à Mendoce.*

LAISSE-NOUS, Mendoce, laisse-nous un moment.

ALVARE, *pâle.*

Quél courroux vous transporte, Almada?

ALMADA, *furieux.*

Monsieur!... Monsieur!...

ALVARE.

Eh bien!

ALMADA.

Où alliez-vous?... Pourquoi ces apprêts?

ALVARE.

Pourquoi?... pourquoi?... Mais...

ALMADA.

Pour nous échapper, sans doute.

ALVARE.

Eh! non, pour vous suivre.

ALMADA.

Ce cheval déja tout sellé... pourquoi?

ALVARE.

Ce cheval?

ALMADA.

Oui.

ALVARE.

Pour courir dans tous les quartiers de la ville, et soulever les citoyens.

ALMADA.

Pour aller nous trahir, nous vendre?

ALVARE.

Moi !

ALMADA.

Je te tiens, je te veille, je m'attache à toi comme ton ombre, ne crois pas nous dénoncer.

ALVARE.

Ce ton impérieux m'étonne, à la fin ! Suis-je un esclave dont vous deviez enchaîner les pas ?

ALMADA.

Essaye, essaye de nous fuir, je te poignarde.

ALVARE, *épouvanté.*

Ai-je affaire à des assassins ?... M'enfermerez-vous ? m'égorgerez-vous ici ?

ALMADA.

Ah ! traître ! penses-tu que ta liberté, tes jours me soient plus sacrés que l'affranchissement de ma patrie, que le sang de mes généreux compagnons, que les sermens inviolables qui nous lient ? Non ! non ! quand tu as pénétré nos mystères, tu as renoncé à toi-même : des nœuds de fer t'ont garotté, nos périls seront les tiens, nous te précipiterons avec nous, ou tu prendras part à notre gloire, si tu sais enfin t'en rendre digne. Tu sortais, où allais-tu ? chez les suppôts de Philippe ? Eh ! traître, tu n'obtiendrais pas même notre vie pour prix de ta délation. Meurs, meurs plutôt cent fois, et n'immole pas d'un seul mot tous ces hommes de tête et de cœur employés à notre délivrance.

ALVARE.

Qui vous dit que ce fût mon dessein ?

ALMADA.

La fuite que vous méditiez.

ALVARE.

Point du tout, Monsieur, point du tout. Je vous déclare hardiment que, sous nul aspect, votre conspiration ne me

paraît sage, que vos espérances me semblent dénuées de fonde-
ment, vos mesures hors de toute raison, et que je ne veux
prendre aucune part à une folie qui vous mène droit à la
mort.

ALMADA.

Vous ne me quitterez pas.

ALVARE.

Encore une fois, suis-je votre prisonnier?.... De quel
droit?...

ALMADA.

Celui du courage sur la pusillanimité.

ALVARE.

Quoi! m'oser dire en face?... Vous me ferez raison, ou je
ne vois plus en vous...

ALMADA.

Achevez.

ALVARE.

N'en venons point, s'il vous plaît, aux injures. Nous avons
chacun fait nos preuves...

ALMADA.

Achevez, Monsieur, exhalez vos outrages. En ce moment,
ni mon épée, ni ma vie ne sont à moi ; permis de se battre à
ceux que nul autre devoir ne réclame : une grande dette envers
la gloire tient quitte d'un petit point d'honneur.

ALVARE.

Vous refusez de vous battre?...

ALMADA.

Assurément.

ALVARE.

Suffit, Monsieur : n'oubliez pas que je vous l'ai proposé.

ALMADA.

Demain je suis à vous ; aujourd'hui, soyez à moi. Souffrez
que je vous présente à nos amis, et bonne contenance. Capitaine Fabricio! Mello! Mendoce!

ALVARE.

SCÈNE IX.

ALMADA, ALVARE, MELLO, MENDOCE, LE CAPITAINE.

ALMADA.

Voici un loyal Portugais qui veut être des nôtres. Il me suivra par-tout, et nous ne le perdrons pas de vue.

MELLO.

Vous devez, Monsieur, être enflammé d'admiration pour une si glorieuse tentative.

ALVARE.

Enchanté, Messieurs, enchanté.

MENDOCE.

Almada vous a instruit des mouvemens secrets du peuple.

ALVARE.

Oui, Messieurs, il m'a informé de tout.

LE CAPITAINE, *portant deux bouteilles et quelques verres sur la table.*

Buvons un coup ensemble, mon camarade ; c'est peut - être le dernier.

ALVARE.

Pourquoi donc ?

LE CAPITAINE.

Si un coup de feu nous couche à terre, bon soir.

MENDOCE.

N'est-ce pas une joie de prendre ces chiens de Castillans... là... au chaud du lit ?

ALVARE.

C'est fort gai en effet, mais fort incertain.

H

LE CAPITAINE.

Quelle incertitude trouvez-vous là, ventrebleu! nous marchons, et tout ce qui résiste, à bas! Je vous trouve plaisant avec votre incertitude.

ALVARE.

Vous m'entendez mal... Je sais qu'on est sûr de tout.

LE CAPITAINE.

On n'est sûr de rien, au contraire. Qui diable prévoit l'issue... Mes amis, un coup à notre gloire future!

MENDOCE.

Quels hommes nous serons!... Ah! dans les temps d'Athènes et de Rome!...

MELLO.

Quelles richesses nous attendent!

MENDOCE.

C'est vous, Mello, qui avez adroitement su distribuer l'argent nécessaire à multiplier nos partisans.

MELLO.

C'est vous, Mendoce, qui, par vos harangues éloquentes, avez su les embrâser.

ALMADA.

C'est vous, Capitaine, qui nous conduirez.

LE CAPITAINE.

Honneur à tous!

ALMADA, *prenant un verre.*

Mort aux Castillans!

TOUS, *buvant.*

Vivent les Portugais!

SCÈNE X.

ALMADA, ALVARE, MELLO, MENDOCE, LE CAPITAINE, SANTONELLO.

MENDOCE.

Santonello ! quelle nouvelle ?

SANTONELLO.

Nous sommes découverts.

TOUS.

Découverts !

SANTONELLO.

Le secrétaire Vasconcellos, informé sans doute que sa maison devait être investie, est passé de l'autre côté du fleuve.

TOUS.

Lui !

ALVARE.

Où suis-je, malheureux !

MELLO.

Un de ses espions l'aura prévenu du coup.

MENDOCE.

Il se sera rendu au château d'Almada, pour arrêter le Duc et sa famille.

LE CAPITAINE.

Pour rassembler les troupes cantonnées dans les bourgs voisins, et leur donner ordre de marcher.

ALMADA.

Et Pinto ! que fait Pinto ?

SANTONELLO.

Il s'intrigue, il court, il place des gardiens sur le port, il va venir. Je n'en sais pas davantage ; et si tous les anges ne viennent pas à notre aide...

A L M A D A.

Depuis quand Vasconcellos est-il parti ?

S A N T O N E L L O.

Dans la nuit.

A L M A D A, *avec abattement.*

Dans la nuit!

M E L L O, *avec abattement.*

Dans la nuit!

M E N D O C E, *avec abattement.*

Dans la nuit !

L E C A P I T A I N E.

Vous pouvez, mon Révérend, donner l'absolution, à moi, à toute la société et à vous-même.

M E L L O.

Mes amis , j'ai de l'or ; esquivons-nous , embarquons-nous , et tâchons de passer en Afrique.

A L M A D A.

Je ne sortirai pas de Lisbonne ; et avant de laisser nos adversaires maîtres de mon sort, ici même je me perce le cœur.

L E C A P I T A I N E.

Moi, je soutiendrai le siége contre tous les sergens et tous les recors de la ville.

S A N T O N E L L O.

Santissimo Dio !

M E N D O C E.

A quoi bon ces jérémiades fanatiques ?

S A N T O N E L L O, *en fureur.*

Misérable athée ! ce sont vos blasphêmes qui attirent sur nous la colère divine.

MELLO, *en fureur.*

Ce sont vos violences, Mendoce, qui, de nos amis irrités, auront fait des dénonciateurs.

MENDOCE, *en fureur.*

C'est votre avarice, Mello, qui vous a fait épargner, à votre profit, les sommes que vous deviez répandre.

ALVARE, *en fureur.*

C'est vous, Almada, qui m'avez jeté dans le gouffre...

LE CAPITAINE, *en fureur, se levant.*

Allez-vous vous assassiner? Et faut-il que je vous mette en paix?

SCÈNE XI.

ALMADA, ALVARE, MELLO, MENDOCE, LE CAPITAINE FABRICIO, PINTO, SANTONELLO.

PINTO, *froidement.*

QUEL bruit !.. qu'est-ce ?.. qui vous rend si furieux, si pâles ?

MENDOCE.

Vasconcellos est averti de tout.

PINTO, *froidement.*

De rien.

SANTONELLO.

Il est sorti de Lisbonne.

PINTO.

Et revenu.

ALMADA.

Santonello est accouru nous dire...

PINTO.

Fausse alarme.

H 3

                    PINTO;

LE CAPITAINE.

Quoi ! fieffé menteur !

PINTO.

Il a dit vrai ; Vasconcellos était allé à une fête sur l'autre
bord du Tage. J'ai couru, guetté, suivi, ou fait suivre ses
démarches... Maintenant au son du haut-bois, il rentre dans
sa maison où nous allons le prendre. Tout est dans un profond
calme, tout dort dans le palais, l'occasion est sûre et favorable... Eh bien !.. eh bien ! remettez-vous. Qu'y a-t-il, mes
chers compagnons ? Je veille, et vous craignez ? Pourquoi ces
débats, ces angoisses où je vous trouve ? Si vous reculez devant
l'apparence du danger, comment l'affronterez-vous lui-même ?
Capitaine, courez jeter un coup-d'œil sur les points d'attaque,
et voyez si nos fidèles sont à leur poste. (*Le Capitaine sort.*)

SCÈNE XII.

ALMADA, ALVARE, MELLO, MENDOCE, PINTO, SANTONELLO.

PINTO.

Non, mes amis, le soleil ne se levera pas sans éclairer vos
succès. Nous touchons au moment d'exécuter, toujours moins
redoutable que ceux qui le précèdent. Le soupçon pouvait
suivre nos traces. Un ami faible ou perfide pouvait nous livrer ;
un coup imprévu, un changement d'ordre, de lieu, de temps,
déconcerter nos trames, et les mettre au jour. Cependant
mille fautes, mille accidens ont été réparés, mille obstacles
franchis ; nos fronts ont su cacher leur trouble, et nos ames
leurs agitations. Entre tant d'hommes de rang, de fortune,
de passions et d'intérêts divers, pas une indiscrétion, pas un
traître. Des femmes ont enseveli nos secrets dans leur sein.
Nous sommes unis, courageux, forts, et le salut de la vie est
le gage qui attache les moins zélés à notre victoire. Quoi !

protégés manifestement par une Providence, secourus dans nos efforts, laisserons-nous échapper le triomphe?.. On est prêt, les ordres sont donnés. Nos défenseurs, séparés en quatre bandes, investiront quatre différens passages, et fermeront toute communication entre les Espagnols appelés à se secourir. Michel Alméïda enfoncera la garde allemande à l'entrée de la place : Estevant, à la tête des siens, chargera la compagnie espagnole, montant la garde au fort du château. Teillo de Ménézès, le Grand Chambellan, Antoine de Salsaigne, nous, et le Capitaine à notre tête, nous nous emparerons du palais de la Vice-reine, et de sa personne et de l'infâme Vasconcellos, noir machinateur, altéré d'or, sourd à la pitié, froid aux nœuds du sang, qu'une laborieuse habileté guide dans le crime, qui aiguise ses armes cachées dans la retraite, et nous vend à sa cour comme des troupeaux ; vivant du prix de nos têtes et se revêtant de nos dépouilles. Soyons pour lui ce qu'il fut pour nous, inflexibles. A sept heures et demie sonnant, un coup de pistolet par cette fenêtre sera le signal. Soudain joignons-nous, tombons, fondons sur nos ennemis ; que nous faut-il pour les abattre ? Du cœur, du fer, du plomb. Exterminons-les ! sur-tout ne vous laissez étonner ni du tumulte de la ville, ni des cris des femmes, d'enfans, ni du trouble des bourgeois fuyant, hurlant, fermant leurs boutiques, leurs maisons ; ne vous effrayez pas même d'une opiniâtre résistance, et quand vous verrez, là se ruer la cavalerie, là des triples rangs de soldats, ici le canon au débouché des rues ; marchez ferme, jetez-vous, précipitez-vous à travers cette pluie de balles, de mitraille et de feu, vain orage qui ne gronde pas long-temps sur les braves qui le défient.

A L M A D A.

Compte sur nous, Pinto.

T o u s.

Oui.. oui, Pinto.

H 4

SCÈNE XIII.

ALMADA, ALVARE, MELLO, MENDOCE, PINTO, SANTONELLO, LE CAPITAINE FABRICIO.

LE CAPITAINE.

Ils n'attendent que nous ; les uns se promenant autour du château ; les autres venus en litière pour cacher leur mousquets ; d'autres se tenant sous les allées des maisons voisines, leurs armes sous le manteau ; un grand nombre de nouveaux libérateurs attirés d'abord par le prétexte de duels et de querelles particulières, embrassent la cause commune...

PINTO.

Et vis-à-vis la caserne des Castillans ?

LE CAPITAINE.

Ils y sont tous ; attentifs, en silence, l'œil attaché sur l'horloge de la place.

PINTO, *leur montrant sa montre.*

Elle va sonner. Vous commanderez, Capitaine. Nous nous battrons, nous. Toi, Mendoce, à cheval ; dans tous les quartiers des cris de délivrance. Vous le rosaire en main. On ne divise et l'on ne rallie les hommes que par de vains mots et de vains signes. (*A Mello.*) Ouvre la fenêtre. Prenez vos armes. Il n'y a plus qu'une minute.

MENDOCE.

Une minute. (*Ils vont s'armer.*)

SCÈNE XIV.

PINTO, *seul.*

Et cette minute sera mortelle à la tyrannie d'un siècle ! La tyrannie... Malheureux ! si tu en fondais une nouvelle... Eh ! d'autres mains la briseront ! Ainsi va le monde.

SCÈNE XV.

ALMADA, ALVARE, MELLO, MENDOCE, PINTO, SANTONELLO, LE CAPITAINE FABRICIO.

ALMADA, *armant Alvare.*

Tiens, Alvare, tu m'en remercîras.

ALVARE.

Je le souhaite.

PINTO, *à lui-même.*

Ou l'état de l'Empire, ou nos ames passeront bientôt dans un nouvel ordre de choses. (*Il sourit.*)

MELLO.

Qu'as-tu donc ?

PINTO, *brusquement.*

Laisse-moi. (*L'horloge de la place sonne.*) Voici l'heure ! (*Il tire un coup de pistolet.*) Partons et guerre à mort ! Il n'y a que les lâches qui plient ; les braves sont tués ou vainqueurs. (*Ils sortent.*)

Fin du quatrième Acte.

ACTE V.

(La décoration est la même qu'au second Acte.)

SCENE PREMIERE.

LA VICE-REINE, M.me DOLMAR, L'ARCHEVÊQUE DE BRAGUES. Hommes et femmes de leur suite.

LA VICE-REINE.

LAISSEZ-NOUS, je vous rends grace de votre zèle... Ah ! je suis toute saisie... Ces cris que j'ai entendus...

M.me DOLMAR.

Ils m'ont réveillée en sursaut, Madame. Je me suis promptement habillée, accourant chez vous où j'ai cru voir que le tumulte se dirigeait... On se battait, on se fusillait ; j'ai traversé tout le train. Oh ! je suis brave, moi, et curieuse.

LA VICE-REINE.

Comment ! on se bat près du château ?

M.me DOLMAR.

Devant le fort.

L'ARCHEVÊQUE.

Madame, c'est une émeute, une petite émeute, qui se terminera entre vos gardes et la populace. Il n'y avait point de quoi troubler votre sommeil...

LA VICE-REINE.

Je veux aller voir par les fenêtres de l'autre appartement....

L'ARCHEVÊQUE.

Demeurez, Madame, demeurez dans celui-ci, où vous ne pouvez rien entendre.

LA VICE-REINE, *à un officier des gardes.*

Donnez les ordres nécessaires en cas d'attaque nouvelle devant le château. (*à M.me Dolmar.*) Allez, Madame, écrivez à Vasconcellos de se rendre ici à l'instant.

M.me DOLMAR.

J'y vais. Voici l'Amiral qui va tout vous conter.

SCÈNE II.

LA VICE-REINE, L'ARCHEVÊQUE DE BRAGUES, L'AMIRAL, etc.

LA VICE-REINE.

Ah! M. l'Amiral, je vous attendais impatiemment. Des troubles éclatent au nom du Duc de Bragance, et je vous somme de m'apprendre le sujet de votre présence chez sa femme.

L'AMIRAL.

Le ton sévère de votre Altesse, me prouve la durée de ses soupçons.

LA VICE-REINE.

Vous étiez chez elle cette nuit?

L'AMIRAL.

L'heure que j'avais choisie m'excuse assez ; l'intérêt qui m'y conduisait n'est pas tel, que j'osasse vous en entretenir en des momens si funestes.

LA VICE-REINE.

Vous aviez reçu l'ordre du Roi d'arrêter le Duc.

L ' A M I R A L.

J'aurais obéi ce matin , si je n'avais été arrêté moi-même. Ni le devoir , ni l'honneur ne me permettent d'en garder le ressentiment. Mon zèle à vous défendre sera ma justification.

L A V I C E - R E I N E.

Savez-vous quelques détails de la rebellion , Monsieur?

L ' A M I R A L.

De très - alarmans. La ville entière est soulevée. La haine pour le Roi d'Espagne est le prétexte , et l'on entend crier partout le nom du Duc de Bragance.

L ' A L C H E V Ê Q U E.

Quelques misérables las de vivre , ou payés pour se mutiner.

L ' A M I R A L.

C'est une révolte ouverte , et l'on a déja fait une attaque au fort du château.

L A V I C E - R E I N E.

O ciel !

L ' A R C H E V Ê Q U E.

N'alarmez donc pas son Altesse , ne l'alarmez pas. Il faut envoyer là, pour balayer ces factieux , le premier Corrégidor , un fouet à la main.

L ' A M I R A L.

Je doute qu'un si grand trouble s'appaise ainsi. Le Duc lui-même est entré dans la ville dès le point du jour ; il combat à la tête des siens , et sa troupe , enhardie par ses discours et son exemple , a déja mis en fuite la garde Allemande.

L A V I C E - R E I N E.

La garde Allemande !

L ' A R C H E V Ê Q U E.

Impossible ! impossible ! vous êtes mal instruit.

L'AMIRAL.

Cette révolte pourra devenir une révolution, si l'on n'en prévient les suites. Il me semble que ce sera chaud.

L'ARCHEVÊQUE.

Non, ce n'est que le peuple.

L'AMIRAL.

C'est pour cela même.

LA VICE-REINE.

Déja vous refusiez de croire aux brigues de dom Juan, en voici d'évidentes preuves.

L'ARCHEVÊQUE.

Eh bien! j'ai eu tort... C'est un rebelle, on le punira.

LA VICE-REINE.

Et que devient Vasconcellos?... O grand Dieu! quel conseil suivrai-je? quel parti prendre?

L'ARCHEVÊQUE.

Tant que nous n'aurons pas vu le Secrétaire, soyons en repos; s'il avait eu quelque sérieuse alarme, il nous eût fait avertir. Subtil, actif comme il l'est... Nous avons parlé cent fois de ce Duc de Bragance... Pauvre tête! étranger aux théories politiques... à l'équilibre des pouvoirs... Peste!... Vasconcellos a là-dessus des idées... Comme il dit fort bien, on a les yeux fixés... Une bonne garnison dans la citadelle, l'argent, les hommes, l'autorité du roi... On les pulvériserait... Il n'y a pas un mot à répondre.

L'AMIRAL.

Si la confiance de Madame croit pouvoir réparer l'injustice de ses doutes, qu'elle me donne le commandement de ses gardes, et je marche.

LA VICE-REINE.

Volontiers, Amiral; le Secrétaire d'Etat ne peut tarder; vous concerterez ensemble....

L'ARCHEVÊQUE.

Ils appaiseront tout. Je crains que ce bruit ne vous ait éveillée trop matin, et qu'il ne vous rende malade. O Madame! si vous alliez être malade ; restez en paix, je vous conjure.

SCENE III.

LES MÊMES, FRANCISQUE.

FRANCISQUE.

MADAME, calmez vos inquiétudes ; un avantage signalé sur les rebelles, rendra bientôt à la ville la paix qu'ils ont troublée.

L'AMIRAL.

Expliquez-vous.

FRANCISQUE.

Pendant la chaleur du combat, les Allemands, dispersés d'abord, se sont ralliés à la voix de leurs braves officiers ; ils ont assailli et environné le Prince et ses défenseurs ; on a suspendu le feu, les chefs se sont approchés, et le Duc sera contraint à se rendre.

LA VICE-REINE.

Ah ! Monsieur, dois-je vous en croire ? quel prix ne mérite point la nouvelle d'un aussi heureux succès !

L'ARCHEVÊQUE.

Eh bien ! ne l'avais-je pas prévu ?

L'AMIRAL.

A-t-on fait quelques prisonniers dont les aveux utiles ?...

FRANCISQUE.

On a saisi les armes à la main, un homme distingué par son opiniâtreté, à la tête des mutins. Si son Altesse veut qu'on l'interroge en sa présence, on pourrait en tirer tel renseignement. . . .

L'ARCHEVÊQUE.

C'est donner de l'importance à ces gens-là. Envoyez aux officiers publics... N'abaissez pas votre dignité jusqu'à...

LA VICE-REINE.

Je veux au contraire le voir, le questionner, remonter à la source du mal.

L'AMIRAL.

Oui, gardons-nous de rien négliger.

LA VICE-REINE.

Qu'on amène cet homme ; je ne serai tranquille qu'après l'avoir interrogé.   (*Francisque sort.*)

SCÈNE IV.

LA VICE-REINE, L'ARCHEVÊQUE DE BRAGUES, L'AMIRAL, etc.

L'AMIRAL.

Nous connaîtrons par lui les agens secrets de dom Juan, et les principaux auteurs de ce trouble.

LA VICE-REINE.

L'espoir des récompenses ou les menaces, lui feront tout révéler.

L'AMIRAL.

Le voici, je pense.

SCÈNE V.

LES MÊMES, FRANCISQUE, PIÉTRO.

FRANCISQUE.

APPROCHE ; tu parleras au moins devant Madame ; on n'a pu lui arracher un mot.

L' A R C H E V Ê Q U E.

Quoi ! scélérat. . . .

L' A M I R A L.

Quel est ton nom ? qui t'a mis les armes à la main ? il ne
s'agit pas de te moquer et de hausser les épaules.

L' A R C H E V Ê Q U E.

Mais voyez son rire insolent !... Je te ferai bien répondre,
moi !

SCENE VI.

LES MÊMES, M.me DOLMAR.

M.me D O L M A R.

Ah ! ah ! le muet de Pinto !

L A V I C E - R E I N E.

Il est muet !

L' A R C H E V Ê Q U E.

Il était temps de me le dire.

SCENE VII.

LA VICE-REINE, L'ARCHEVÊQUE, L'AMIRAL, M.me DOLMAR, PIETRO.

L A V I C E - R E I N E.

Cet homme appartient à M. Pinto..... Nul doute ; ce
Pinto, l'ame damnée de dom Juan, aura machiné la sédition.

M.me D O L M A R.

M. Pinto, machiner ! lui qui faisait encore hier tranquil-
lement de la musique avec moi.

L' A M I R A L.

Autorisez-moi, Madame, à prendre d'utiles mesures ; une
rigueur

rigueur prompte atteint moins de coupables ; une sévérité lente accroît le besoin de punir.

L'ARCHEVÊQUE.

Faites juger cet homme, et s'il est coupable, qu'il soit châtié sans retard.

L'AMIRAL.

Oui. Rien ne tempère l'ardeur des mutins, comme un exemple.

LA VICE-REINE.

Venez, Amiral ; je vais signer les ordres. Rassemblez les soldats, et courez achever vous-même la défaite du prince.

L'AMIRAL.

Je voudrais qu'une occasion plus périlleuse mît à l'épreuve mon fidèle dévouement pour vous ; je vaincrais ou je périrais avec gloire.

L'ARCHEVÊQUE.

Mon dieu ! rassurez-vous ; le calme va renaître. Que votre Altesse ne se rende point malade.

SCÈNE VIII.

Mme DOLMAR, PIETRO.

Mme DOLMAR.

Ce pauvre valet de Pinto !..... S'il allait payer pour tous..... Mais comment le soustraire?... les portes sont gardées... Mon ami, je ne puis te cacher... suis-moi... Non... je dirai... Quoi? qu'il s'est sauvé. J'obtiendrai son pardon... Cette armoire pratiquée dans le mur... Oui, cache - toi, cache - toi là pour le premier moment ; il sera facile ensuite... On vient. (*Elle le cache dans l'armoire.*)

I

SCENE IX.

Mme DOLMAR, VASCONCELLOS,

VASCONCELLOS.

Quoi ! Criez, hurlez ! que me voulez-vous ? Me déchirer , me dévorer... Ah ! que vois-je ?

Mme DOLMAR.

Vous fais-je peur ?

VASCONCELLOS.

Ces furieux... j'ai cru les voir ; ils me suivent , ils me cherchent , me menacent , moi , vous tous , la Vice-reine...

Mme DOLMAR.

La Vice-reine ! ô ciel ! je cours l'avertir.

SCÈNE X.

VASCONCELLOS, *seul.*

Demeurez ! arrêtez ! Quoi donc ? elle me fuit... Ma fortune est tombée , plus d'amis... Quel bruit entends-je ? Où fuir ?... Et ces papiers ?... Où les cacher ?... Il y a de quoi te faire brûler vif... D'où les as-tu sauvés ? De ta maison en feu... Oh ! les forcenés ! Tout a été brisé , jeté par les fenêtres ; et toi-même sans la fuite... Réjouis-toi ; applaudis-toi. Tu as pillé , ruiné , proscrit ; on te pille , on te ruine , on te proscrit. O justice !... Le bruit redouble. On m'appelle. Vasconcellos !... Par-tout Vasconcellos. Ils viennent , ils approchent... Ces papiers... Ces exécrables papiers... Ah ! mettons-les dans cette armoire... (*Il ouvre l'armoire , le muet l'y pousse et l'y en-ferme à sa place.*)

SCENE XI.

L'ARCHEVÊQUE, ALMADA, MELLO, MENDOCE, autres Conjurés.

L'Archevêque, (*rencontrant Piétro qui se sauve.*)

Saisissez cet homme, et répondez-m'en sur votre tête.

Les Conjurés (*entrant par une autre porte.*)

Vivent les Portugais !

L'Archevêque.

Pourquoi ces cris ? Que voulez-vous ?

Almada.

Affranchir notre patrie, la soustraire au joug du Roi d'Espagne.

Mello.

La maison de Vasconcellos est en feu ; on le cherche.

Mendoce.

Nous avons ouvert les prisons d'Etat.

Almada.

Vos troupes Castillanes sont battues.

L'Archevêque.

Mais, mais conçoit-on cette audace ?... La conçoit-on ?

Almada.

Si son Altesse veut épargner le sang, qu'elle envoie au Gouverneur de la citadelle l'ordre de la reddition.

L'Archevêque.

Elle ne le fera point. Votre proposition est odieuse. Si vous avez compté sur la faiblesse de son sexe pour la rendre votre complice, renoncez à vos espérances.

Almada, Mello, Mendoce, *ensemble.*

Monsieur !...

L'ARCHEVÊQUE.

Arrêtez, audacieux !... La citadelle peut foudroyer la ville.
On ne cédera point à des factieux qui, ce soir même, seront
châtiés sévèrement. Encore une fois, messieurs les brigands...

ALMADA.

Imprudent ! taisez - vous. Apprenez que je n'ai qu'à grand
peine obtenu votre grace. Taisez-vous, si vous aimez la vie.

L'ARCHEVÊQUE, *un peu effrayé.*

Comment ?...

SCENE XII.

LES MÊMES ; LA DUCHESSE DE BRAGANCE.

(*Les soldats derrière les coulisses s'écrient :*)
Vivent les Portugais !

L'ARCHEVÊQUE.

Quel nouveau bruit ?... Vous ici, Madame ?

LA DUCHESSE.

Le tumulte est par-tout ; ce palais entouré de soldats... J'ai
tremblé, j'ai frémi pour les jours de la Vice-reine. Où est-elle ?
Je veux lui parler.

L'ARCHEVÊQUE.

La fortune l'a donc trahie !... Tandis que l'on nous annonçait la capitulation de votre époux...

LA DUCHESSE.

Lui ! capituler ? Il a su vaincre et s'ouvrir un chemin. Déja
les preuves de sa clémence ont suivi celles de son courage. Cependant il n'est pas maître des transports excités dans le peuple
par sa victoire. La multitude, les soldats qui cherchent à saisir
Vasconcellos, menacent hautement la Vice-reine. (*L'Archevêque fait un mouvement de crainte.*) Calmez - vous. Je suis
accourue pour l'arracher à ses dangers. Messieurs, secondez-
moi... Mon dessein ne fut jamais de profiter cruellement des

avantages de cette journée. J'eusse même respecté la puissance Espaguole , si les perfidies de Vasconcellos , ne m'avaient contrainte à chercher des défenseurs pour ma famille. Mes périls m'ont appris à courir au-devant de ceux de votre maîtresse. Je sens d'avance tout l'effroi qui doit la troubler... Que je puisse la voir, la sauver , l'entraîner chez moi ; mon palais est le plus sûr asyle qui reste à celle qui fut jadis mon ennemie. Elle trouvera dans moi une consolatrice , un appui , des larmes pour la plaindre. Monseigneur , Messieurs , hâtons-nous ; conduisez-moi vers elle.

LES PORTUGAIS, *derrière les coulisses.*

Vivent les Portugais !

L'ARCHEVÊQUE.

Allons tous , allons , Madame ; ces cris m'épouvantent pour elle. Si vous ne pouvez la sauver , je serai votre première victime.

TOUS.

Voici le Duc !

SCÈNE XIII et dernière.

LA DUCHESSE, L'ARCHEVÊQUE, ALMADA, MELLO , MENDOCE , LE DUC. (*Il entre tenant la Vice-reine par la main et au milieu des acclamations.*) PINTO , etc.

LE DUC.

AH ! Madame , soyez sans crainte. Mes défenseurs ont rougi d'avoir un moment oublié les respects dûs à votre rang. Ma voix a calmé leur furie ; vous êtes en sûreté au milieu de nous. C'est aux soins de la Reine , à son cœur que je recommande votre infortune. Dès votre premier desir , une nombreuse escorte vous reconduira avec honneur en Espagne.

LA DUCHESSE.

Comme vous tremblez... de grace reprenez courage... Nos

promesses doivent-elles vous laisser dans l'ame un reste de frayeur ?..

L A   V I C E - R E I N E.

Ah ! quel exemple de générosité me donne une si noble conduite ! votre valeur qui m'a défendue...

L E   D U C.

Braves Portugais ! qui de vous eût permis que l'on souillât l'honneur de ce jour ! Des voix terribles s'élevaient de toutes parts, une foule irritée pressait les portes... Madame eut l'aveugle témérité de les ouvrir et de paraître... Oh ! sans mon autorité déja reconnue, sans mon secours... Je m'élance parmi ces furieux, je les écarte, et le ciel qui nous favorise ne veut pas que ma gloire et votre délivrance soient payées par un forfait.

P I N T O.

Eh bien ! Sire, mon zèle a-t-il trompé le Duc de Bragance ? Il me reste deux demandes à faire à votre Majesté, celle de faire poursuivre Vasconcellos qu'on a vu entrer dans ce palais ; ordonnez aussi que l'on me rende mon fidèle Piétro, mon muet.

M.me D O L M A R.

Oh ! c'est grace à moi s'il vous est rendu... Je l'ai caché là. (*Elle ouvre l'armoire ; Vasconcellos sort armé, tout le monde recule avec effroi.*

T O U S.

C'est lui !

L E   C A P I T A I N E.

Ah ! ventrebleu ! (*Le Capitaine s'élance sur Vasconcellos qui tire ses pistolets, et se va jeter par la fenêtre.*)

P I N T O.

Nous n'eussions pas fait mieux, et je me félicite que les choses se soient passées sans violence.

L A   D U C H E S S E.

Ah ! Pinto ! ah ! Messieurs, que ne vous doit point notre famille et l'Etat ? Sans votre généreuse vaillance nous gémirions encore dans les fers de Vasconcellos. Voyez couler les larmes de ma reconnaissance. Ne redoutez rien de vos ennemis, ils sont trop faibles contre vos vertus.

Mme DOLMAR.

Quoi ! Pinto, vous m'avez oubliée dans tout ceci ?

PINTO.

Que diable ! on ne faisait pas la guerre aux femmes.

LE DUC.

M. de Bragues, l'Archevêque de Lisbonne, vous invite à partager ses fonctions dans le ministère.

L'ARCHEVÊQUE.

Vous ne vous offenserez pas de mon refus. Le devoir m'attache au sort de la Vice-reine... Votre caractère vertueux m'est connu, et je suis tranquille.

LE DUC.

Vous aussi, Alvare, vous avez marché !

ALVARE.

Ah ! suis-je jamais le dernier, moi ?

LE DUC.

Pinto, tu seras à jamais mon ministre le plus cher. Dites à l'Amiral qu'il est libre d'aller annoncer à son Roi que ce jour l'enrichit par la confiscation de mon Duché et de tous mes biens. Almada, mes amis, je ferai en sorte d'acquitter ma grande dette envers vous. Félicitez vos frères d'armes; leur courage que j'ai eu la gloire de guider, s'est emparé du fort qui menaçait Lisbonne et sa liberté.

PINTO.

Portugais ! honneur aux guerriers qui nous défendent, aux écrivains qui nous éclairent, et que des loix sages, inaltérables succèdent aux caprices irréguliers d'une autorité usurpatrice.

FIN.

J'ai voulu présenter au Public le spectacle des mouvemens intérieurs d'une conspiration, non l'appareil extérieur d'un fait héroïque qui eût ébloui le vulgaire. Mon dessein était de montrer que les intrigues politiques font quelquefois descendre les plus hauts personnages aux dernières bassesses.

Les hasards étrangers au sujet principal, servent dans mon plan à prouver que la réussite des conspirations dépend de mille circonstances impossibles à prévoir.

Le personnage de Lopez-Ozorio, homme sans mœurs, m'a beaucoup servi ; un Espagnol tendre et respectueux n'aurait pu tenter l'entreprise nocturne qui jette en un si grand péril la famille de Bragance.

J'ai introduit un moine, parce qu'il rappelle les mœurs du pays où se passe l'action ; je lui ai donné des vices, parce qu'un honnête religieux ne se mêle d'aucune intrigue.

L'Archevêque de Bragues n'est point avili par sa crédule sécurité au milieu des dangers qui l'environnent ; il n'est que comique. Qui n'a vu de ces hommes dont la confiance s'endort sur les appuis de leur pouvoir, comme sur un lit dont les ais sont prêts à se rompre ? Beaucoup de gens d'esprit ne se sont réveillés qu'après les secousses.

L'ignorance m'a reproché d'avoir dégradé le Ministre : Vasconcellos fut un oppresseur de tous les ordres de l'État, qui égorgea la noblesse Portugaise ; un lâche qui, au moment de ses périls, se cacha sous un tas de papiers, au fond d'une armoire.

On s'est efforcé de comparer Pinto à Figaro. Le Barbier parle sans cesse, très-spirituellement, pour obtenir une dot ; Pinto dit peu de chose, et donne un royaume à son maître. Quels rapports trouve-t-on entre ma comédie et celle du célèbre Beaumarchais ?

DE L'IMPRIMERIE DE MIGNERET,
rue Jacob, N.° 1186

5.me Acte

De Pinto

que Votre altesse ne Se rende pas
malade ! la Seule précaution à
prendre maintenant est de placer
une forte Garde qui Consigne
aux portes Ceux qui pourroient
Entrer ou Sortir Sans Vos ordres
Suprémes. Je m'y Soumets Le
premier, madame, et Donnerai
à tous L'Exemple de l'obéissance
Due a Votre altesse ; mais Je le
repette, pour Dieu ! qu'elle ne
Se rende pas malade !
= Scene 8 =
Le Commandeur, & Piétro.
Le Commandeur
ah ! Coquin ! tu es l'un des agens
de M.r Pinto ... oh Dieu ! oh Dieu !
tu payeras pour tous, Si nous n'Ly
attrapons pas D'autres quoique

muet, tu n'es pas sourd, et tu entends
ce que cela veut dire)... la potence,
maraud! la potence! ne prétends pas
m'échapper... tu ne sortiras d'ici
que sous bonne escorte... ah! ah!
mon drôle!... que vient m'annoncer
francisque)

== Scène 9.e ==

Le Commandeur, francisque,
et piétro.

francisque

les chefs des rebelles viennent de
se présenter à la vice-reine: on
relève les sentinelles a toutes
les issues: son altesse vous en
fait prévenir, et vous prie, pour
la sûreté et pour la vôtre, de
n'opposer nulle résistance.

Le Commandeur

moi, Bon Dieu! Contrarier les
ordres, rompre les Consignes! je
lui ai Conseillé moi même de
faire garder le palais: Cela
est fort bien! les garde

empêcheront tout mouvement tumultuaire : a merveille !

Francisque

Vous êtes vous même aprésent aux arrets dans cette salle.

Le Commandeur

Comme le voudra Son altesse : Je ne Contreviendrai Jamais à Son autorité légitime.... allez monsieur le lui Dire de ma Part... l'attachement, le respect... Je fais Profession... Elle Sait D'ailleurs.... allez, Vous Dis-je, L'assurer que Je me Comporterai fidèlement, loyalement, en un mot, Convenablement.

= Scene 10 =

Le Commandeur. Pietro des Gardes

Le Commandeur.

ah ! voila la force armée !... Entrez Camarades, Bon mes amis !.... tenez, M.' L'officier, Emparez = Vous De Cet homme, C'est un Suppot de M.' Pinto : Vous En rendrous Compte. il Vous reste

Des Gens? mettez encore deux Sentinelles
ici... quelqu'un pourrait s'Evader
par cette issue. un Soldat de plus
a l'entrée du Cabinet.... Bon!
les voila posés veillez exactement,
Et que personne ne Bouge. Je me
Constitue. moi même d'être prisonier,
S'il le faut, tant Je respecte l'ordre
et le Gouvernement établi!...quel
Bruit est-Cela?

===== Scene 11.e =====

Les mêmes, almada, mello, mendoce,
Conjurés.

<u>tous</u>

Vivent les portugais.

<u>Le Commendeur</u>

Pourquoi. Ces Cris? que voulez-vous?

<u>almada</u>

affranchir notre patrie, la Soustraire
au Joug de l'Espagne.

<u>Mello.</u>

La maison. de vasconcellos Est en
feu on le Cherche.

<u>mendoce</u>

nous avons ouvert les prisons d'Etat

Almada

Vos troupes Castillanes sont battues

Le Commandeur

mais, mais, conçoit ou cette audace ?...

Almada,

Si Son altesse Veut épargner le Sang,
qu'elle envoye au Gouverneur de
la Citadelle l'ordre de la reddition

Le Commandeur

elle ne le fera point : votre proposition
est odieuse, Si vous avez compté sur
la faiblesse de Son Sexe pour la
rendre Votre complice, renoncez
à vos Espérances.

Almada, Mello, Mendoce,
Monsieur !

Le Commandeur

arretez, audacieux !... la Citadelle
peut foudroyer la ville. ou ne
Cédera pas a des factieux qui ce
Soir même Seront chatiés Séve-
rement. Encore une fois, messieurs
Les Brigands.

Almada

imprudent taisez vous apprenez
que je n'ai qu'à grand'peine obtenu
votre Grace. taisez vous, Si vous
aimez la vie.

<u>Le Commandeur</u>

Comment!... Comment Donc?... mais
vous Mr. L'officier, et vous Sentinelles,
est Ce ainsi que vous faites votre devoir
?... Desiez vous laisser rompre votre
Consigne par les perturbateurs, Et
leur permettre ainsi l'entrée du
palais? Je Cours de ce pas avertir
la vice Reine.....

<u>almada</u>

vous êtes aux arrets ici, De par le
Roi.

<u>Le Commandeur</u>

quoi! Du Roi d'Espagne

<u>almada</u>

non Du roi de portugal, Duc De
Bragance.

<u>Le Commandeur</u>

Quoi! Ces Gardes là.....

<u>almada</u>

Tout les Sieurs

Le Commandeur

Et moi qui sans m'en douter
prenais le soin de les poser moi
= même.

Almada

C'est le Roi de Portugal dont la Bonté
nous charge de vous Retenir pour
Salut.

le Commandeur

ah ! ah ! Comme les choses ont Dont
tourné !... tout C'est fait au tour de
moi Sans que Je m'en apperçusse
... Diable mais D'ou viennent
Encore Ces Gens Ci ? Veut = on
m'environner D'assassin ?

== Scène 12 ==

Les mêmes & le Cap.ne Fabricio,
Fantonello, Algare.

le Capitaine

Non, mais de Braves militaires qui
Vous protègent

le Commandeur

Je veux Sortir ; Je veux me montrer

137)

En personne au peuple.

<u>le Capitaine</u>

Gardez vous en bien

<u>le Commandeur</u>

Eh! qu'oserait il me faire? ma
Dignité.....

<u>le Capitaine</u>

il jetterait votre Dignité par les
fenêtres.

<u>le Commandeur</u>

mais, mais, mais, Conçoit-on une
rage pareille? la Conçoit-on?

<u>Mello</u>

ah voici le Roi! voici la Reine!...
Vivent leurs majestés.

<u>tous</u>

Vivent leurs majestés.

═══ Scène 13 ═══

Les mêmes, le Duc & la Duchesse
de Bragance, Pinto, & madame
Dolmar. — le Duc

Vos acclamations de joye, mes

138

amis tout le plus doux prix de mes
efforts pour la Conquête de votre
liberté! Braves portugais, qui
de vous eut permis que l'on
souilla l'honneur de ce Jour?
Des Jois terribles s'élevaient de
toutes parts une foule irritée
pressait les portes.... la Vice Reine
Eut l'aveugle témérité de les
ouvrir et de paraître oh! Sans
mon autorité déja Reconnue,
sans mon Secours... Je m'élance
parmi ces furieux, Je les Ecarte,
Et le Ciel qui nous favorise ne
Veut pas que ma Gloire & votre
Délivrance Soyent payées par
un forfait.

       Le Commandeur

La fortune a donc trahi la Vice
Reine!.... tandisque l'on vous
annonçait, madame, la Capitulation
De votre Epoux.....

La Duchesse.

lui, Capituler! il a Su vaincre &
se frayer un chemin Jusqu'a la
Citadelle Dont le Gouverneur S'est
Enfin rendu; déjà les preuves De
Sa clémence ont Suivi Celle De
Son Courage, Cependant il Craignait
De ne pas maitriser les transports
Excités dans le peuple par Sa
victoire. la multitude, les Soldats
menaçaient hautement la vice Reine
.... Calmez vous messieurs nous
Sommes accourus pour l'arracher
a Ses Dangers messieurs Secondez
= moi : mon Dessein ne fut Jamais
De profitter Cruellement Des
avantages de Cette Journée. J'eusse
même respecté la puissance
Espagnole Si les Perfidies De
Vasconcellos ne m'avaient Contrainte
a chercher des Deffenseurs pour
ma famille. mes périls m'ont

(140)

appris à courir au devant de
cœur de votre maîtresse. elle est
en Sureté désormais: on La
conduit dans un appartement
de la maison royale de xabrégas
a l'extrémité de Lisbonne.

tous

Vivent les portugais.

Pinto

Eh bien sire mon zèle a t'il
trompé le Duc de Bragance

Le Duc

qu'est devenu l'ennemi public ?
ou s'est caché Vasconcellos ?

Pinto

(Dans le fond d'une armoire) sous
des papiers, registres de ses
crimes, pièces de la condamnation,
qu'il a subie.

Le Capitaine

Les portes de la maison

Tout enfoncées les meubles brisés
il a pillé, Ruiné, Proscrit,
ou le Proscrit ou le ruine, ou le
pille.

<u>Pinto</u>
Cela n'est pas légal, mais
Juste.

<u>Le Duc</u>
et sa personne?

<u>Jautonello</u>
une vieille servante effrayée
nous a montré du doigt, sa
retraite; nous l'avons ouverte:
il a tenté de se sauver en
nous éblouissant de deux
Coups de Pistolet

<u>Le Capitaine</u>

mais moi, Ventrebleu ! Je l'ai...

... ne parlons plus de Cela ?!

il ne faut pas s'attrister

de Ces petits Détails au —

Dénouement.

Le Duc

mes amis Je ferai En

Sorte d'acquitter ma Dette

Envers vous : ne Craignez

pas Dedme rappeller vos

Serdices. almada, Je vous

nomme Lieutenant Général

De mes Troupes et membre

De mon Conseil

almada

Je rends Grace a votre

majesté: elle Récompense
Dignement mon Zéle pour
Le païs.

Le Duc

Mello vous êtes Grand
Ecuyer; Mendoce Surintendant
De mon Palais, Et tous deux
aussi de mon Conseil.

Mello

Sire, Je n'attendois pas moins
De votre Générosité

Mendoce

Sire, Je me Félicite d'avoir
tout Risqué pour votre
Conservation

Le Duc

L'archevêque de Lisbonne
est monté à la Chambre
souveraine de Relation
annoncer au peuple notre
victoire, et mon avénement
au trône, si je ne fusse
rentré dans la Capitale,
c'est à lui que j'eusse
confié la Régence il vous
invite avec moi, madame
de Brague a partager
les fonctions que je lui
donne dans le Ministère.

Le Commendeur
vous ne vous offenserez pas
de mon refus, le Devoir

m'attache au Sort de La
vice = Reine …. votre Caractere
vertueux m' Est Connu, Et
Je Suis tranquille.

Pinto.

Çà monsieur le Commendeur
n' Etes vous pas un peu Surpris
de Cette = Révolution ?

Le Commendeur

Pas trop, Pas trop …. Car voyez
vous J'avais Dans L' Esprit
quelque idée de L'événement
…. mes pensées parfois
Sont obscures, vagues ……
mais Je perce, Je débrouille
les nuages a la fin … Et

Dans le fond, J'ai toujours
Pressenti La chose Je prévois
même Encore que Ça ne
durera pas... Ça ne peut pas
Durer... Ça ne durera pas?

Pinto.

Fiez-vous la Dessus.

Santonello

Sire le plus humble de vos
Serviteurs ne prétend Rien au
bien De ce monde, mais S'il
Vacquoit un petit bénéfice
m'oublieriez-vous En vos
promotions?

Le Duc

Vivez dans l'Espérence, Et

Et ayez foi en votre Seigneur.

Quoi ! Vous aussi Alvare, vous
ayez marché.

Alvare.

Suis-je jamais le Dernier,
moi ! on m'a vü me jetter
Comme un Lion dans La
mêlée.....

Le Capitaine

Quelle mêlée ?

Alvare

Parbleu devant la Garde
Espagnole qui faisoit un
feu du Diable !

Le Capitaine

Bah ! de la foudre aux moineaux ;
Je le sais, j'y étais.

Alvare

Et près du corps de garde
allemand, c'était un enfer !
où s'y tuoit en lurages.

Le Capitaine

Bah ! des rieurs, des gourmades,
Des batteries de Cabarets !...
Je l'ai vû, j'y ai mis les holes

Alvare

Et sous le château... n'était-ce
pas un vrai carnage)

Le Capitaine

quelques frottées... mais Bah !

J'en ai bien vu d'autres !

Alvare

Sire, Je ne me vante Pas : mais
Je me recommande à vous.

Le Duc.

Je vous fais Camérier. et
chef des Cérémonies.

Le Capitaine

Et moi Sire ?

Le Duc

Commandant de mes Gardes.
mais toi Pinto, ne demandes
-tu Rien Dans Ce nouveau
Gouvernement

160)   12

<u>Pinto</u>

pas la moindre chose, Sire:
Je n'ai fait que mon devoir
en vous obéissant

<u>Le Duc</u>

tel est le langage du mérite;
on le Doit avancer d'autant
plus que sa modestie le
tient en arrière. le Secretaire
du Duc de Bragance Sera
le Secretaire intime du Roi
de Portugal et son premier
Conseiller.

<u>madame Dolman</u>

quoi, Pinto? vous m'avez
fait mistère de tout Ceci!

Pinto

que Diantre ! on ne faisoit pas
La Guerre aux femme ?

La Duchesse.

Le Roi ne veut il donner
madame Dolmar pour
Première Dame de Compagnie ?

Le Duc

Vous prévenez mes Desirs

madame Dolmar

Et vos majestés Comblent
tous les miens. Grand Merci,
Pinto ! n'est ce pas vous qui
me Valez cette honorable
faveur ?

Pinto.

un peu j'imagine : voyez tous
ces gens-là je serai l'artisan
de leur fortune comme de la
vôtre, Eh bien, la plus part
ne me reconnaîtront plus,
quand ils seront en place.
C'est le train des Cours, et
Je m'en dépiterais si je n'étais
qu'un Sot.

madame Dolmar.

ne faites plus de Confidences
qu'a votre muët

Le Duc

Pinto, tu seras à jamais mon
ministre le plus cher. dites

à l'amiral qu'il est Libre
d'aller annoncer à Son Roi
que ce Jour L'enrichit par la
Confiscation de mon Duché et
de tous mes Biens. mes Enfans
Je me Sens aujourd'huy Votre
Pere. félicitez Vos freres
D'armes; Leur Courage que
J'ai eu la Gloire de Guider,
S'Est emparé Du fort qui
menaçait Lisbonne, Et Sa
Liberté!

Sinto

Portugais! honneur aux
Guerriers, qui nous deffendent
aux Ecrivains Qui Nous
Eclairent.   Fin